BODYWEAR

DES 20. JAHRHUNDERTS

NEUE SAMMLERBIBLIOTHEK

KLINKHARDT & BIERMANN

Iris Pfeifer

BODYWEAR

DES 20. JAHRHUNDERTS

KLINKHARDT & BIERMANN

Graphische Gestaltung und Satz:
Gini Klose, Oberhaching/München
Umschlag und Gestaltungskonzept:
Atelier Langenfass, Ismaning
Lithographie: EBS, Verona
Gesamtherstellung: EBS, Verona
Titelbild: Edition Götz
ISBN: 3-7814-0388-2

Die Deutsche Bibliothek -
CIP-Einheitsaufnahme
Bodywear des 20. Jahrhunderts :
flotte Wäsche für Tag und Nacht / Iris Pfeifer. -
München ; Berlin : Klinkhardt und Biermann, 1996
(Neue Sammlerbibliothek)
ISBN 3-7814-0388-2
NE: Pfeifer, Iris

INHALT

- UNTERWÄSCHE MACHT MODE – Ein Interview 7
- DAS GEWICHT DER WÄSCHE
  Underwear von 1900 bis heute 11
- WÄRME ALS LUXUS 22
- KORSAGE & BADEMODE
  Handwerk hat goldenen Boden 24
- EIN ABC DER BEGRIFFE
  Was eigentlich ist ein Camisol? 27
- UNSERE SCHÖNE WÄSCHE-WELT
  Bodywear als Medienereignis 30
- UNTERWÄSCHE-KNIGGE
  Erlaubt ist, was gefällt 39
- ODE AN DIE WEISSE UNTERHOSE
  Wie ein Designer die Unterhosenwelt auf den Kopf stellt 45
- DER DEUTSCHE WÄSCHESCHRANK
  ist noch lange nicht voll 51
- DIE DESSOUS DER BRAUT
  Der Stoff aus dem die Träume sind 54
- EROTISCHE GRENZGÄNGE
  Porno-Shops, Fetisch-Wäsche und Designer 58
- FILMHITS, DIE MODE MACHTEN
  Korsett und Strapse als Power-Dress 65
- DER STOFF AUF UNSERER HAUT
  Naturfasern und Chemie 76
- WÄSCHE ALS INSZENIERUNG
  Plakate als Pin-ups 81
- SCHWARZ-WEISS-MALEREI
  Die Philosophie des Hauses Hanro – ein Interview 85
- EROTIK-TYPOLOGIE
  Welcher Wäschetyp sind Sie? 89
- DER DUFT DER WÄSCHE
  Große Wäsche, kleine Wäsche 91
- WIE KAUFT MAN/FRAU EIN?
  Zen und die Kunst, Wäsche zu kaufen 95
- EROTIK UND MALEREI
  Pin-up-Girls in heißen Höschen 99
- OBJEKTE DER BEGIERDE
  Body Art: Die Mode des Kostas Murkudis 102
- FIRMEN 104
- LITERATURAUSWAHL 108
- REGISTER 109
- FOTONACHWEIS 111

UNTERWÄSCHE MACHT MODE

INTERVIEW MIT EINEM MODEMANN

Bodywear ist mehr als Mode
Bodywear macht Mode

Marlene Dietrich forderte, wenn sie einen Filmkontrakt unterzeichnete, als Standardausrüstung Seidendessous; auch für Rollen, die sie von der ersten bis zur letzten Szene hochgeschlossen spielte. Sie schätzte den Thrill, den kostbare Dessous dem Selbstgefühl geben. Ihre Ansicht: eine Frau ohne erotische Basics (= kostbare Underwear) kann keine Erotik ausstrahlen.
Für dieses ganz besondere Flair – der Dietrich ist es zu verdanken, daß Erotik lasziv, gleichzeitig eruptiv und nicht berechnend dargestellt wurde – benötigte sie Seide, Satin, Spitze, mit einem Wort: Unterkleidung, die der Ausdruck ihrer Persönlichkeit sein sollte.
Wie wenig die Under- oder Bodywear aus dem Modegeschehen heute wegzudenken ist, bestätigt Hartmut Rathmayer. Hier steht er Rede und Antwort.

Ist die Unterwäsche nur ein „Sklave" der Oberbekleidung? Oder kann man sie als einen Teil der Oberbekleidung ansehen?

H.R.: Heute ist sie Teil der Oberbekleidung. Es gibt Unterwäschekleider, Trägerkleidchen, Oberteile, die eigentlich Corseletts oder ein Camisol sind. Unterwäsche als Oberbekleidung ist aus der Mode derzeit gar nicht wegzudenken.

Kim Basinger: In „9 1/2 Wochen" macht sie den Erotik-Film salonfähig und das hübsche Unterkleid zum Wäsche-Standard

Modeexperte Hartmut Rathmayer

Hartmut Rathmayer ist ein Mode-Entdecker mit Weitblick. Er besitzt in München drei Geschäfte („Daisy"), tätigt seine Einkäufe in New York, entschied sich für Donna Karan, als diese in New York noch als Designerin ohne eigenes Label für Anne Klein arbeitete. Heute ist Donna Karan die Königin der Mode. Stars wie Barbara Streisand schwören auf sie. Stars wie Isabella Rosselini, Anouk Aimée, Angela Bassett modeln für sie.
Jetzt, da der Lingerie-Look Triumphe feiert, BHs als die Top der Tops gelten, ist wieder Donna Karan Fashion-Leader. Der BH unterm Business-Kostüm ist zur Zeit ein Muß.
Das kann sich ändern. Was sich nicht ändern wird, sind die Trends, die zu diesem „Dessous Dessus" führten. Hartmut Rathmayer als erfahrener Beobachter der internationalen Modeszene faßt zusammen: „Unterwäsche ist mehr als Mode, Unterwäsche macht Mode."

Anzeige von Rena Lange in „Vogue": Model Nadja Auermann im Unterkleid-Kleid

Kann sie sogar als modisches Detail funktionieren? Etwa dadurch, daß junge Leute den Gummibund der Unterhose mit dem Aufdruck „Boss" oder „Joop!" oder „Calvin Klein" absichtlich oberhalb des Hosenbundes sehen lassen?

H.R.: Warum nicht? Der Look kommt aus Amerika. Das heißt, eigentlich aus der homosexuellen Szene – nicht aus der konventionellen, sondern aus Greenwich Village. Armreifen, Nietengürtel, Tätowierungen sind dort Stilmittel. Der Trend ist vergleichbar mit vielen Modeeinflüssen, die jetzt aus dem Prostituierten-Milieu kommen. Er ist eine verspielte Version des Macho-Styling.

Ist es auf Dauer elegant, wenn Frauen „Bodies" tragen? Soll das zum Standard werden? Ist es nicht zu sehr Sport- bzw. Schwimmbekleidung?

H.R.: Als Mann kann ich dazu nur aus der Beobachtung sagen: Es gibt zwei Arten von Frauen: die eine liebt den Body über alles. Die andere behauptet, er sei einfach nur unbequem.
Ich finde den Body gut. Er rutscht nicht, er sitzt perfekt, er erlaubt viel Beweglichkeit. Das gilt vor allem auch für Oberteile, die als Bodies gearbeitet sind. Vor allem für Schauspielerinnen hat dieses Kleidungsstück extreme Vorteile. Sie müssen nicht dauernd an sich herumzupfen, wenn sie auf der Bühne stehen oder filmen. Zum Beispiel spielt eine festliche Rüschenbluse, die unterhalb der Taille ein Tanga ist, eine tragende Rolle in „Vier Hochzeiten und ein Todesfall". Die glücklose Rivalin von Andie MacDowell, die mit Hugh Grant nicht „happy endet", trägt das Modell von Donna Karan

Anzeige von Calvin Klein in „Männer Vogue": Der neue Unisex-Duft im Jeans-Stil

Blusen-Body von Donna Karan: Oben Rüschen, unten Tanga

fast ununterbrochen. Früher arbeiteten die Bühnenschneider bei den Blusen auf Taillenhöhe vorn und hinten einen zusätzlichen Gummi ein, damit für mehr Halt gesorgt war.

Sollten Männer eigentlich in jedem Fall ein Unterhemd tragen?

H.R.: Nein. Auch nicht, wenn sie ein feines weißes Oberhemd anhaben.

Können sie ein T-Shirt statt des Unterhemds tragen?

H.R.: Ja, durchaus. Sie brauchen eben eine Sammlung T-Shirts.

Ist es modisch o.k., wenn man ein Unterhemd oder ein T-Shirt unter dem geöffneten Hemd sieht?

H.R.: Das kann gut aussehen. Es gibt schließlich auch T-Shirts aus Leinen und Seide-Baumwoll-Mischungen.

Wie bewerten Sie die Farbe der Unterwäsche? Soll sie farbig sein ? Oder weiß ? Oder schwarz?

H.R.: Das kommt ganz auf die Gelegenheit und auf das Outfit an. Unter weißer Kleidung sollte man nur weiße Unterwäsche tragen. Unter schwarzer Kleidung, wenn sie durchsichtig oder andeutungsweise transparent ist, nur schwarze.

Was halten Sie von der sogenannten „Sprache" der Farbe? Zum Beispiel schwarz = pathetisch, rot = sündig, weiß = unschuldig?

H.R.: Schwarz sehe ich eher als sündig, das heißt als erotisch an. Rot, also das ist eher undefiniert. Und weiß als die Farbe der Unschuld? Das sehe ich nicht so, wenn ich nur an Catherine Deneuve denke, wie sie in „Belle de Jour" im Bordell tagsüber arbeitet ...

Weiße Wäsche soll ein Zeichen von Unschuld sein? Na, ich weiß nicht... wenn ich an Catherine Deneuve denke im Film „Belle de Jour" !

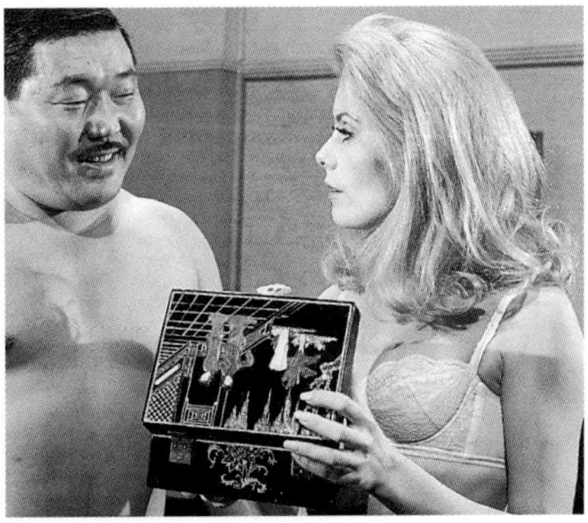

Catherine Deneuve: Im Kultfilm „Belle de Jour" spielt sie eine Amateurnutte, Outfit: Klassischer Bügel-BH und weißer Baumwollslip

Soll man Unterwäsche bügeln?

H.R.: Satinunterwäsche muß man bügeln. Baumwollunterwäsche kann man bügeln.

Entspricht dem Mann mehr die Boxer-Short oder der Slip?

H.R.: Das kommt und geht mit der Mode. Im Moment ist weder der Slip noch die Boxer-Short so richtig modisch. Jetzt sind die enganliegenden Unterhosen mit angeschnittenem Bein dran.
Außerdem spielt es noch eine Rolle, wie alt ein Mann ist und in welcher Situation er die Unterhose trägt. Läßt ein Schauspieler in der Komödie die Hosen fallen, steht er immer in einer Boxer-Short da, es sei denn, er ist blutjung und hat eine Traumfigur. Dann geht das auch mal, daß er einen Slip trägt.

Was für Unterwäsche trugen Ihr Großvater und Ihr Vater?

H.R.: Beide habe ich nie in der Unterhose gesehen. Meine Mutter hat auch niemals nackt mit uns Kindern in der Badewanne geplanscht. Die Unterwäsche meiner Eltern habe ich höchstens mal auf der Wäscheleine flattern sehen. Aber fragen Sie mich nicht, wie die aussah ... Ich habe es einfach vergessen.

Die Unterwäsche meiner Eltern habe ich höchstens einmal auf der Wäscheleine flattern sehen ...

Paul Newman: Typische Szene – Mann wird ertappt. Und wie? Ausgerechnet in der Unterwäsche

Jack Lemmon in „Save the tiger“: Cool in der Boxer-Short

DAS GEWICHT DER WÄSCHE

UNDERWEAR VON 1900 BIS HEUTE

Um 1900 wog die Wäsche schwer. Frauen schleppten mindestens ein pfundschweres Korsett, abgesehen von dem Hemdchen, das unter dem Korsett getragen, dem Leibchen oder Spenzer, das über den sogenannten Schnürleib gezogen wurde. Dazu noch etliche andere Underwear.

Männer hatten es nicht leichter. Ihr Unterzeug, Hemd und lange Unterhose, war im Sommer aus schwerem Leinen, im Winter aus Trikotgewebe oder auch aus Wolle gefertigt. Über dem Hemd trug der Mann eine langärmelige Unterjacke, die langen Unterhosen fanden ihre Ergänzung durch Socken und Sockenhalter. Legte man die obligatorische Alltagswäsche auf eine Waage, wog sie ein gutes Pfund.

„Ich war immer schon der Ansicht, daß die kleinen Dinge in Wirklichkeit die wichtigsten sind", sagte Sherlock Holmes

Die vielen Knöpfe und Bänder, die geschlossen werden mußten, bis ein Mensch Anfang des Jahrhunderts schließlich angekleidet und für den Tag gerüstet war, beschäftigte Männer und Frauen. Ärzte beklagten den Umstand, daß die warme und schwere Unterkleidung des Mannes eine Belastung für den Kreislauf, das Korsett der Frau eine Bedrohung für die Leber, die dadurch gequetscht werden könne, sei. Ein Abgeordneter in Paris hatte kurz vor der Jahrhundertwende einen viel bespöttelten Antrag im Parlament gestellt. Er forderte, daß auf den Kauf von Korsetts eine Steuer aufgeschlagen werden solle. Seiner Ansicht nach würden diese ungesunden Folterinstrumente dann weniger gekauft werden. Die Kollegen im Amt konterten mit der Meinung, diese Maßnahme würde die Frauen allenfalls dazu verleiten, sich

England war die Hochburg des Korsettierens. Die Karikatur von Rowlandson (von 1791) hatte Gültigkeit bis in die 20er Jahre unseres Jahrhunderts

Spenzer aus weichem Trikotmaterial exportierte die Schweizer Firma Hanro Anfang des Jahrhunderts vor allem nach England. Die Taille ist extrem schmal, da das Wäschestück über dem Kosett getragen wird

der Steuerhinterziehung schuldig zu machen. Aus der Korsettsteuer wurde nichts.
Virginia Woolf, die englische Schriftstellerin, meinte lakonisch im Hinblick auf den Schnürleib: „Ohne ein gutes Abendessen kann eine Frau nicht ordentlich arbeiten und schon gar nicht gut lieben".
Sie trug kein Korsett.
Die Allgemeinheit ging geschnürt, nur die Form wechselte, ob Hüfte und Po sich herauswölbten, ebenso wie ein kleines Bäuchlein, ob der Busen eher zusammengeschoben oder lediglich hochgepreßt wurde, wechselte mit der Mode. Um 1910 war sie folgendermaßen: Die natürlichen Kurven des Unterkörpers wurden in eine gerade Linie gedrängt – und zwar mit einem Korsett, dessen Länge nach unten hin die Grenzen der Möglichkeit erreicht hatte und doch in hygienischer Beziehung zu keinen Bedenken Anlaß gab, wie es in einer Wäschezeitung nachzulesen war. Das Lob des Korsetts sollte eine vermeintliche Verbesserung schmackhaft machen. Die Taille werde durch die gerade Vorderfront weitgehend aufgehoben und somit einem lange Zeit währenden Übel der Kernpunkt genommen. So wollte man sich den natürlichen Formen nähern

MÄNNER UND FRAUEN TRAGEN TAILLE

„Corps" hieß das Mieder, das noch im 18. Jahrhundert aus der Männermode nicht wegzudenken war. Männer und Frauen wetteiferten im Streben nach schlanker Taille, der eng geschneiderte Gehrock genoß bei eleganten Herren großes Ansehen. Ebenso wie die auf Figur gearbeiteten Ausgehuniformen der Offiziere machte er ein Mieder fast obligatorisch. Der Verbrauch von Fischbein war enorm.
Trotzdem wagt man um 1930 im Kompendium „Sittengeschichte des Intimen" des Herausgebers Leo Schidrowitz folgenden Ausblick: „Das Korsett blickt auf eine lange Geschichte zurück. Diese Geschichte ist heute abgeschlossen. In seiner Entwicklung war es ein Instrument der Körperplastik und als solches existiert es

Wie ich meine Büste entwickelt habe
und zwar um 15 cm in 30 Tagen,
nachdem ich Pillen, Massage, Saugapparate und andere angepriesene Methoden probiert hatte, ohne das mindeste Resultat zu erzielen.

Eine leichte und einfache Methode, welche jede Frau in ihrem Heim anwenden kann und die ihr in kurzer Zeit eine schöne Büste verleiht.

Durch Margarette Mercier.

Gratis-Coupon für die Leserinnen

Wogender Busen und kindliche Taille waren ein Figurenideal, dem fast keine Frau entsprach. Das Geschäft mit skurrilen Wundermethoden blühte nicht mehr. Unsere ganze Zeit strebt danach, dem Körper der Frau Bewegungsfreiheit zu geben, alles, was in der früheren Mode Fessel und Zwang war, abzustreifen. Die Dekolletage von einst war künstlich, die Dekolletage von heute ist natürlich. Darum ist auch die Geschichte der Dekolletage als eines Kunstproduktes zu Ende. Der Körper der Frau von heute strebt aus ihrem Kleide heraus. Diesem Streben sind sowohl vom Klima wie von der Sitte Grenzen gesetzt. Aber es ist höchst reizvoll zu beobachten, wie die Frauen diese Grenzen immer mehr zugunsten der Freiheit verschieben."

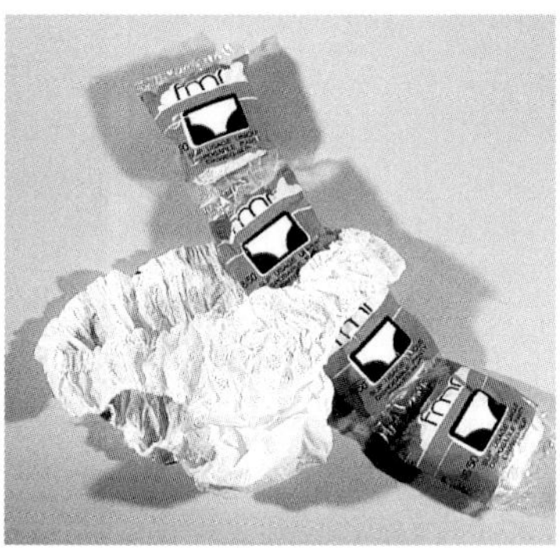

Einmal-Unterhöschen aus Papier hatten Vorläufer in Sachen Papierunterwäsche während des Ersten Weltkriegs

DAS JAHRHUNDERT DER FRAUEN UND DER WÄSCHE

Einige Daten aus den Anfängen unseres Jahrhunderts:

1901 gestattete das Land Baden Schülerinnen den Besuch von höheren Knabenschulen.

1902 erfand man in Frankreich eine Variante des Korsetts, die die Karriere des Schnürleibs nochmal verlängerte. Das Stück hieß „Sans Ventre" und drückte Bauch und Hüften vollständig flach.

1903 wurde in Baden das Frauenstudium zugelassen, 1904 in Bayern, 1905 in Württemberg.

1908 öffnete in Berlin-Wannsee das erste Familien-Freibad. Es war zugleich das erste in ganz Europa.

1908 wurde von politisch aktiven Frauen in Bremen der „Verein für deutsche Frauenkleidung und Frauenkultur" gegründet. Eine Art Hängekleid-Mode wurde propagiert.

1909 gab es den ersten Büstenhalter, der die Brüste trennte bzw. sie nicht extra zusammenpreßte.

1909 faszinierte ein neuer Tanz: der Tango.

Im Ersten Weltkrieg fertigte mancher Textilhersteller aus in Gasthäusern zusammengesammelten Tischtüchern Hemden, Hosen, Mieder. Als selbst Tisch- und schließlich Bettücher Mangelware wurden, gelang es, aus Papier Unterwäsche herzustellen. Viel später wurde dieser Einfall wieder aufgegriffen, um die praktischen Einmalhöschen herzustellen. Als es nach dem Krieg wieder aufwärts ging, hatte die Textilindustrie bereits einiges Ansehen gewonnen, wie man aus der Würdigung der Trikotfabrik Schießer entnehmen kann. Man hatte auch während der harten Zeit sogenannte Abhärtungswäsche gefertigt und erste Versuche unternommen, Leibwäsche, die an Strampelanzüge erinnerte, für Frauen zu entwerfen. Die Bestrebungen wurden von engagierten Frauenverbänden unterstützt. Die gelobte Damenhemdhose „MH" war im Schritt geschlossen, mit Rückenklappe. Neben dem Preis des Underwear-Teils stand im Katalog vermerkt: „Angenommenes Modell für Vereine für Verbesserung der Frauenkleidung."

DAS TRÄGT EIN KLEINES MÄDCHEN, JAHRGANG 1913

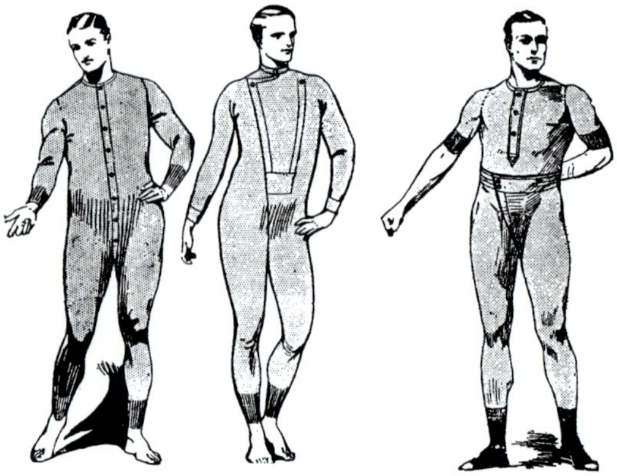

Drei Variationen Herren-Unterwäsche aus den Jahren 1914/1915

Ein Mädchen, 1913 geboren, trägt im Alter von fünf oder sechs Jahren folgende Underwear: Ein Hemd ohne Ärmel, aber mit breiten Trägern. Ein Leibchen, das ebenfalls breite Träger hat und am unteren Rand, der über dem Bauchnabel endet, über eine Knopfreihe verfügt. Weiter trägt sie ein Unterhöschen mit Spitzenbesatz am Beinabschluß. Die Hose hat an der Kehrseite eine aufknöpfbare Klappe. Auf halber Höhe der Unterhose ist ein Saum eingefaßt. Der Sinn dabei: Er kann herausgelassen werden, wenn das Mädchen gewachsen ist. Am Taillenbund des Höschens befinden sich Knopflöcher. Es wird an das Leibchen angeknöpft. Über der Unterhose wird ein kleiner Unterrock mit Spitzenbesatz am Saum getragen. Am Bund hat er ebenfalls Knopflöcher, auf halber Höhe ist eine kleine Tasche aufgenäht, in der das Kind ein Taschentuch und etwas Kleingeld aufbewahrt. Am Leibchen seitlich befinden sich zusätzlich Knöpfe, an denen Strümpfe befestigt werden. Dieses Teil Unterwäsche wird von kleinen Buben ebenfalls getragen. Die „Roaring Twenties" haben noch nicht begonnen. Die Erwachsenen um 1919 tragen: Der Vater Hemdhosen als Underwear, mit Knopfleiste auf einer Seite. Die Mutter Korsett, ansonsten dieselben Wäschestücke wie die kleine Tochter. Die Großmutter die gleiche Unterwäsche wie Mutter und Enkelin, aber zusätzlich noch eine mit viel Spitzenbesatz verzierte Unterjacke, die noch unter dem Tageskleid Platz fand.

DIE UNDERWEAR WIRD LEICHTER

Schon kurz nach dem Ersten Weltkrieg hatte es angefangen: Für die Männer-Underwear wurde Seide und Baumwolle verarbeitet, die Baumwolltrikots hatten keine langen Beine mehr, sondern endeten auf halber Höhe des Oberschenkels. Die englische Miederwarenfirma Gossard verblüffte in den 20er Jahren durch

Jane Russell macht Dessous-Mode. Als Halbblut Rio in „Geächtet" („Outlaw") sorgt sie zwischen Doc Holliday und Billy the Kid ständig für Streitereien. Den Frauen ihrer Zeit machte sie dagegen Lust auf Push-Up-Büstenhalter

Der ultimative Push-Up-Effekt ist heute wieder groß da. Von Gossard gibt es ihn sowohl in Fachgeschäften wie auch in Modeläden

ein BH-Modell mit Vorderverschluß. (Viel später sorgte sie mit der Entwicklung des Ultrabra für eine Sensation.)

1922 fertigte die Modeschöpferin Mary Jacob eine sogenannte Brassière, indem sie zwei Taschentücher mit Schnüren verband. Dieses Stück wurde patentiert, und die Rechte an diesem Patent verkaufte Mary Jacob später an die Miederindustrie.

Um **1928** trugen bereits viele Frauen Büstenhalter und Hüfthalter. Häufig sind es Figurenprobleme, die eine Frau trotzdem dem Korsett treubleiben ließen.

1929 probierten findige Chemiker in Amerika erstmals eine elastische Faser aus. Sie bekam den Namen Lastex.

Um **1930** wurden die sogenannten Cups (in Deutschland Büstenschalen) eingeführt. Man bezeichnete die Größen mit Buchstaben. Heute sind diese nach wie vor gebräuchlich: A, B, C, D, Doppel-D und E. A ist die kleinste Büstenschale.

Die Rückkehr zum Korsett, wenn auch in gemäßigter, weicherer Form. Der Frau wird geschmeichelt. Ihre Pose wirkt erhaben (Korsett von Gossard aus den späten dreißiger Jahren)

1935 erfand der Amerikaner Wallace Carothers die erste vollsynthetische Faser: Nylon. Es sollte noch fünfzehn Jahre dauern, bevor diese die Bekleidungsindustrie revolutionierte.

1938 wurde der deutsche Chemiker Paul Schlack fündig. Perlon hieß die Faser, die zunächst im Zweiten Weltkrieg als Kriegsmaterial verarbeitet wurde. Man stellte aus Perlon Fallschirmseide, Seile und Gurte her. Paul Schlack bekam deswegen 1944 das Kriegsverdienstkreuz erster Klasse verliehen.

1942 prägte Jane Russel die neue Starmode. Seit Howard Hughes ihren Busen in „Outlaw" mittels eines Push-up-BHs demonstrativ in den Mittelpunkt gerückt hatte, machte dieser Busen-Look Karriere.

Von Winston Churchill sprach sich herum, daß er rosafarbene, weitgeschnittene Underwear aus feinster Seide der Trikotware vorzog. Das änderte aber nichts daran, daß die Produktionskapazitäten der britischen Firma Gossard für Kriegszwecke genutzt und zur Herstellung von Fallschirmen und Schlauchbooten eingesetzt wurden.

DIE GROSSE WELT DER COUTURIERS

Die neuen Gewebe sorgten für Umwälzungen bei den Dessous.

Gossard führte, sobald die Firma wieder ihren eigentlichen Aufgaben nachkommen konnte, die ersten leichten Korseletts ein, die Vorläufer der heute noch getragenen Miederwaren.

Die Kleidung „drüber" und die Kleidung „drunter" beschäftigte gleichermaßen die Industrie wie die Haute Couture. Der Franzose Roland Barthes sagt von den gebräuchlichen Einheiten des Tages – Nachmittag, Abend, Cocktail, Einkaufsbummel –, daß diese den Gewohnheiten der realen Welt des Sozialen angehören. Diese Realtitäten seien aber durch die Sprache der Mode allzu luxuriös dargestellt. Diese verleihe ihnen einen Zug von Unwirklichkeit. Die Rhetorik der Mode, die Vermittlung der Mode über deren Darstellung und Beschreibung in Zeitschriften, stünden ständig im Zeichen des Festlichen und der Euphorie.

Es war ein erhebendes Gefühl, von den Ereignissen der Hohen Schneiderkunst zu hören, wie die Vereinigung der modeschaffenden Künstler in Paris genannt wurde, deren Stil der europäsischen Maß- und Fertigkleidung einen richtungweisenden Einfluß gaben. Und das bis ins kleinste Detail. Einige Daten aus der Zeit:

1949 erfand Christian Dior die verstärkte Ferse für Strümpfe.

Am **30. April 1949** war die Geburtsstunde einer bis heute vielgerühmten und gelegentlich geschmähten Underwear: Die Männerhose aus Feinripp mit Eingriff der Firma Schiesser kam erstmals auf den Markt. Sie ist noch immer wichtiger Bestandteil des Firmenumsatzes, der sich in den 90er Jahren in der Höhe von 500 bis 600 Millionen Mark pro Jahr bewegt.

Die Feinripp mit Eingriff wurde unzählige Male kopiert. Zuletzt von der avantgardistischen Firma Dolce & Gabbana, die die simple Unterhose nur im gut sortierten Fachhandel und für den vierfachen Preis anbietet.

1953 präsentierte Dior die Linie „Tulipe", mit fülliger Büste und schmalen Hüften.

1954 stellte Dior eine ganz andere Figur vor: Die H-Linie. Man nannte sie auch Flat-Look.

1958 gab es noch eine andere Silhouette für modebewußte Frauen: die Trapez-Linie. Frauen hatten Anpassungsprobleme. Nicht nur an die schnell wechselnden Linien der Couturiers, denen mit ein und derselben Figur so schnell nicht nachzukommen war. Auch mit den wechselnden Anforderungen, die die Öffentlichkeit an eine „ideale Frau" stellte.

Ein medizinisch ausgerichteter „Nachfahre" des ehrwürdigen Korsetts: Das von der Firma Anita hergestellte Modell aus Polyamid, Elastodien, Acetat, Elasthan und Polyester. Die medizinische Indikation: Nach Bauchoperationen, bei ausgeprägter Bauchdeckenschwäche, bei Kreuz- und Rückenbeschwerden. Die Funktion dieses Modells: Die Innenbinde rafft eine weiche schwache Bauchdecke zusammen und bewirkt eine deutliche Reduzierung des Leibes. Das Material dieses Rumpfstützmieders ist neben dem oben erwähnten: Schwerer Jacquardtüll. Im Rücken befinden sich vier herausnehmbare Stützstäbe. Die Innenbinde ist herausnehmbar

Der Mann übernahm wieder seine angestammte Rolle. Die während der Kriegszeiten selbständiger gewordenen Frauen sollten sich dafür begeistern, am Kochtopf eine gute Figur zu machen.

DIE NATÜRLICHE TRACHT DER FRAU

Eine der vielen Pin-up-Posen von Marylin Monroe. Die Haltung ist nicht mehr heroisch, sie stammt aus dem Fundus der vielen, kleinen Steps, die zu einem gekonnten Striptease gehören

Es sind etwa zwanzig Jahre vergangen, seit in der „Sittengeschichte des Intimen" folgende These aufgestellt worden war: „Die menschliche Kleidung hat zwei natürliche und eine künstliche Ursache. Die natürlichen Ursachen sind: Schutz vor Kälte und Bedürfnis nach Schmuck. Die künstliche Ursache ist ein von der Sitte gebotenes Verhüllen und Verbergen. Man könnte also eigentlich zwischen einer natürlichen und einer moralischen Tracht unterscheiden. Im Laufe der Jahrhunderte hat es zwischen diesen beiden Motiven einen ewigen Kampf und einen fortwährenden Ausgleich gegeben. Man könnte beinahe sagen, daß die heutige Tracht einen Kompromiß zwischen Kälteschutz, Schmuck und Moral bedeutet."

DIE MORALISCHE TRACHT DER FRAU

Wasch- und Spülmittelhersteller der fünfziger Jahre machten mit Konrad Adenauer gemeinsame Sache. Dieser verkündete: „Wir werden die Hausarbeit erleichtern" – während Ludwig Ehrhard mehr an die Regeln des Marktes glaubte und sagte: „Ich schätze die Frauen in erster Linie als Konsumentinnen". Ludwig Würmeling, den Familienminister, interessierten die Frauen vor allem als Hüterinnen von Ordnung und Moral.

1950 sieht man die deutsche Frau adrett am Kochtopf. Sie zeigt sich figurbewußt, stets fröhlich und freundlich. Sie ist von ausgeglichener Wesensart, ein bißchen Dame, aber nicht zu sehr. Perfekte Hausfrau durch und durch. Sie steht ganz im Dienst der Familie. Und das alles aus Liebe zum eigenen Mann. Neue elektrische Haushaltsgeräte helfen ihr: Staubsauger, Kühlschränke, Waschmaschinen.

Die häuslichkeitsliebende Ehefrau unterwarf sich damals dem Diktat der „durchlaufenden Linie". Es gab Mieder mit Gummieinsätzen, die Fischbeinstäbchen und die platten Metallfedern hatten schließlich weichen müssen. Das Allerneueste war ein in Mieder eingearbeiteter biegsamer Stab aus Perlonmasse. „Perloflex"-Stäbe erlaubten es der

Trägerin, ungehindert und gleichzeitig figurenbewußt ihrer Hausarbeit nachzugehen. Die neue Generation Schnürleiber ermöglichte nahezu alles: Bücken, Drehen und Wenden.

Bevor Ende der 50er Jahre die Teenager die Mode entdeckten, setzten sich als Muß für die durchgehende Linie noch diese Underwear-Teile durch: Halb- und Vollmieder, Büsten- und Hüfthalter, Sportgürtel sowie hochtaillierte Gummischlüpfer mit Rückenverschnürung, verstellbarem Seitenverschluß und doppeltem veloursgefütterten Hakenleistenverschluß. Diese Art Schlüpfer gibt's heute in Geschäften, die Sado/Maso-Outfits anbieten, nur ist das Teil dann nicht mehr hautfarben, sondern lackschwarz. Die andere Variation des figurenformenden Gummiteils war sanfter und modisch gut getarnt: Es waren Panties, die wie Radlerhosen aussahen. Dem in den 50er Jahren bestimmten Normen unterworfenen Verhältnis zum eigenen Körper kamen außer Korselett und Hüfthalter noch Schaumstoffeinlagen und Drahtbügelversteifungen zur Perfektionierung des Busens entgegen.

Daß die junge Generation und die Welt der Haute Couture die Klasse der 60er Jahre wiederentdeckte, war „Time" im April 1995 ein Titelblatt wert

DIE DESSOUS DER TEENAGER

1956 gastierte Bill Haley in Deutschland. Im Kino sah man James Dean in „Denn sie wissen nicht, was sie tun". Ein typischer Outfit entstand, der der frühen amerikanischen Rock-Kultur nachempfunden war.

Männliche Teenager rieben sich Pomade ins Haar, junge Mädchen banden die Haare zum Pferdeschwanz und trugen enge Hosen oder weite Röcke und darunter einen Petticoat aus Baumwolle oder Nylon. Der Lidstrich wurde Mode, die Fingernägel lackiert.

Die Textilien dieser Zeit: Perlon-, Nylontaft, Wäschebatist, Reyon, Charmeuse. Die „Baby-Doll"- Mode verwendete farbiges Perlon, das an den Rändern andersfarbig abgesetzt war. Perlonwäsche wurde dem erwachsen werdenden

Er trägt schlichte weiße Unterwäsche. Sie hat den Petticoat als ultimative Underwear der 50er Jahre entdeckt

weiblichen Teenager eilfertig als Erleichterung der zukünftigen Hausfrauenrolle angedient: Einfach nur kurz durchwaschen! Daß die Perlonwäsche und die transparenten Nylonstrümpfe nach dem Waschen tropfnaß aufgehängt werden mußten, vor allem, daß sie nach jedem Tragen gewaschen werden sollten, drang aber bald ins Bewußtsein. Wer bereits mit einem Waschtag pro Woche als Hausfrau eingedeckt war, bekam also mit der neuen Wäsche zusätzlich Arbeit ins Haus.

NO-WEAR IN DEN SIXTIES

Jackie Kennedys rosa Kostüm, Françoise Hardy in Courrèges, Coiffeur Alexandre und Miniröcke von Mary Quant prägten die Zeit. Zur mädchenhaften Frau paßten die damals modischen falschen Wimpern, die mit viel Fingerspitzengefühl und einem Tropfen Gummimilch oder Mastix über die eigenen Wimpern geklebt wurden. Einige Daten:
1966 traten in dem später zum Kultfilm erhobenen „Blow Up" zwei junge Mädchen auf. Eine davon war die zu Starruhm gelangende Jane Birkin. Bemerkenswert an ihrem Auftritt: Sie trug eine farbige Strumpfhose und war sonst unbekleidet. Strümpfe und Strumpfhalter werden ab da zu Minusposten für die Wäscheindustrie. Heute spielen sie wieder ein kleine Nebenrolle als luxuriöses Accessoire.

Unser Profit heute von den Schnürleibern der frühen Jahre: Eine sanft formende Pantyhose, die unter schmalen Röcken für eine perfekte Hüftpartie sorgt (von Triumph)

Jackie Kennedy prägt den Stil der 60er Jahre und ist bis heute ein Vorbild, dem niemand gleichkommen konnte

Ab **1967** wurde es möglich, Dessous-Teile thermoplastisch zu verformen. Polyesterfasern machten es möglich. Es gab ab da bestimmte Stücke, die nahtlos angefertigt wurden, zum Beispiel Büstenhalter.
1968 wurden in der Bundesrepublik pro 100 000 Bürger 108 Ehescheidungen registriert, im Gegensatz zu 18,5 Scheidungen im Jahr 1905.

Weich und fest zugleich ist der Sportbüstenhalter. Sein Name macht Mut: „Trophy" (von Triumph)

1971 prägen Hot Pants das Straßenbild. **1973** wird der Tanga aus Brasilien importiert.
„Einer für alle", ein Büstenhalter, der für vier verschiedene Größen paßte, kam auf den Markt.
Die traditionelle Unterwäsche hatte keinen leichten Stand. Woodstock, die Beatles, die Rolling Stones, die Mode der Rock-Stars, der Trend zur Nacktheit prägen die Zeit.
Eine Nische wird dennoch von den Boxer-Shorts besetzt. Für Frauen kommt **1977** mit den „French Knickers" ein Pendant zur männlichen Boxer auf den Markt. Die Knickers sind eigentlich kleine Unterröckchen mit weiten Beinen, meist seitlich geschlitzt. Später gibt´s diese Knickers häufig auch nur als Höschen.

MAN SPART UND MACHT SICH FIT

1977 verzeichnet die Chronik aus dem Hause Schiesser, daß eine Unterhose, die mehr als 10 Mark kostet, absolut unverkäuflich sei. Der Umsatz des Hauses belief sich in diesem Jahr auf 279 Millionen Mark. Sportunterwäsche wird entwickelt, zum Beispiel ein weicher, unterstützender Büstenhalter für Frauen, die joggen. Die Boxer-Shorts legten ein wenig zu, da sie in Stil und Material den kurzen Boxer-Sporthosen nachempfunden waren. Ihre Bundverarbeitung ist meist einfach gestaltet, entweder mit einem eingenähten breiten Gummiband oder mit einem Kordelzug.

Die Soziologen verkünden die totale Freizeitgesellschaft für die nächsten zwanzig, dreißig Jahre. Der Jogging-Anzug wird zum ultimativen Dress für alle. Jung, alt, Mann, Frau, sportlich oder unsportlich, jeder trägt ihn. Meist statt sogenannter Homewear, gelegentlich auch statt Nachtwäsche.
1981 fanden sich kleine Trends, die den Mainstream auflockerten: Die Werbeaktion der Firma Schiesser „Schlafen Sie schön", die gemeinsam mit der deutschen Bundesbahn gestaltet wurde, brachte die Nachtwäsche wieder ins Bewußtsein. Der Film „La Boum – die Fete" mit dem Untertitel „Eltern unerwünscht" mit Brigitte Fossey und

Jung und in Bonbonfarben zeigen sich die Dessous : „young dessous" von Skiny

Claude Brasseur und der blutjungen Sophie Marceau als Teenie-Star porträtierte die neue Zielgruppe der Wäscheindustrie: Die ganz jungen Leute.

MEGATREND NARZISSMUS

Underwear wurde zum Mode-Accessoire der Teenies, gleichberechtigt neben Lidschatten, Lippenstift, Wimperntusche. Underwear wurde farbig, gemustert, verspielt, lässig, nahm Elemente der jungen Mode auf. Triumph bietet zum Beispiel eine Garnitur aus BH mit Slip, die Jeans-Effekt und kostbaren Spitzenbesatz miteinander kombiniert.
1995 wird der Megatrend Narzissmus festgeklopft. Empirische Untersuchungen in der Schweiz veranlassen Werner Wyss, Delegierter der DemoScope Firmengruppe in Adligenswil, zu folgender Prognose für die nächsten Jahre: „Die Trends lassen sich zu einem Trendbündel, einem Megatrend zusammenfassen, der die neunziger Jahre beherrscht wie kein anderer: der Narzissmus. Teiltrends, die in diese große Strömung einfließen, sind beispielsweise das Streben nach Anerkennung und Prestige, Erotik, Materialismus und der Wunsch nach Komfort. Jeder dieser Einzeltrends ist seit vielen Jahren deutlich im Anstieg; keiner hat seine Aufwärtsbewegung in der turbulenten ersten Hälfte der neunziger Jahre unterbrochen.
Bei der Erotik ist eine inhaltliche Verschiebung festzustellen. Es ist

Der Weg an die Spitze: Ein BH wird bei Sotheby´s in London versteigert. Die Dessous haben es geschafft!

Annie Lennox: BH versteigert

tz London Ein roter Büstenhalter der Pop-Sängerin Annie Lennox ist bei Sotheby's in London versteigert worden. Der Käufer, ein Schweizer Sammler, zahlte 1300 Mark dafür.

nicht mehr so sehr der Wunsch zu erobern, zu besitzen, als jener nach lustbetontem Genießen, vom Partner zärtlich verwöhnt zu werden.
Beim Materialismus stellen wir ein stark wachsendes Anspruchsdenken fest: Ein komfortables Auto, eine schöne Wohnung gehören mit dazu, aber auch teure Kleidung und Luxusgüter aller Art. Die Trends zur Erotik, zum Materialismus und zur vermehrten Anerkennung werden von der Jugend angeführt. Das bedeutet, daß sie auch in Zukunft Bestand haben werden."

WÄRME ALS LUXUS

ZIEH DICH WARM AN!

Was altbewährt ist, muß nicht altmodisch sein. Schon seit fünfzig Jahren läßt sich die Schur vom Angorakaninchen so aufbereiten, daß sie uns warm durch den Winter bringt

Wer einem Freund ein Unterhemd aus 50 Prozent handverlesenem Angora, 20 Prozent feinster Merino-Schurwolle und 30 Prozent synthetischem Anteil schenkt, hat vorgesorgt. Er wird in angenehmer Erinnerung bleiben. Bis zu 20 Jahre lang hält so ein kostbares Teil – der Durchschnittspreis liegt zwischen 80 und 130 Mark.

Der Preis flößt Respekt ein. Frauen, die in einer schwachen Minute ihrem Liebsten anheimstellten, 90 bis 120 Mark für einen einzigen Slip von La Perla oder Andrés Sardá zu bezahlen, wissen, wie die Umrechung „Ästhetik in DM" wirkt: Sie gleicht einem Elektroschock.

Gesunde Wärme kostet so viel wie Seiden- und Spitzendessous. Sie ist Luxus. Der Aufwand – nur bei 30 Grad in der Waschmaschine waschen und entweder ein flüssiges Feinwaschmittel oder ein Spezialwaschmittel verwenden – ist erheblich.

Was kann die Faser vom Angorakaninchen, das andere Fasern nicht können? Man geht davon aus, daß Flausch ein besonderes Luftpolster schafft. Diesen hohen Lufteinschluß erreichen bauschige Fasern wie Angora von Natur aus. Er ließe sich durch entsprechende Bearbeitung auch bei anderen Materialien, etwa bei Baumwolle, erreichen. Diese Prozedur ist jedoch so aufwendig, daß sie noch keinem Hersteller so geglückt ist, daß er am Endprodukt dann noch verdienen konnte. Die Angorafaser ist allerdings heikel zu verarbeiten. Wer kennt nicht

Wolle hält nicht automatisch warm. Auch Sportunterwäsche wärmt nicht unbedingt. Der Sportler läuft ja ganz von selbst warm. Was er daher braucht, ist, daß der Schweiß weggeführt wird, damit die Haut trocken bleibt

WARUM FRAUEN WÄRMENDE UNTERWÄSCHE TRAGEN

- **Sie möchten auch bei 10 Grad Minus ein elegantes Kleid anziehen können**
- **Sie haben keine Lust, im Winter dicker auszusehen als im Sommer**
- **Ihre letzte Blasenentzündung ist ihnen noch schmerzlich in Erinnerung**

WARUM MÄNNER WÄRMENDE UNTERWÄSCHE TRAGEN

- **Sie wollen nicht mit Schal um den Hals und warmer Strickjacke wie Mamas Liebling aussehen**
- **Sie wollen ein Tennis-Match spielen und sich anschließend keinen Schnupfen holen**

Spitze plus Wärme: Üppige elastische Spitzen mit Satinband-Verzierungen

den Ärger, wenn man den süßen, neuen Angorapulli schon nach ein paarmal Tragen von kleinen Klümpchen befreien muß? Man zupft und zupft, trotzdem will das Flusen einfach nicht aufhören. Ursache dafür ist die im Kern so schwierig zu verarbeitende Schur des Angorahasen.
Die Firmen, die mit Angoraschur arbeiten, hüten ihre Verarbeitungspatente. Bei Medima bleiben sie ein Geheimnis zwischen Firma und der Spinnerei Lampertsmühle in Kaiserslautern. Die warme Nische im Spezialmarkt „warme Wäsche" wird von ihr, die sich seit 50 Jahren fast ausschließlich mit der Herstellungsproblematik befaßt, zu 90 Prozent besetzt. Bei bekleidungsphysiologischen Prüfungen zeigte sich, daß als Gesundheitswäsche oder als Winterunterwäsche angebotene Underwear oft ebensowenig warmhielt wie die Baumwollunterwäsche, die im Sommer getragen wird. Bei der Sportunterwäsche spielt uns – als Verbrauchern – die Assoziation einen Streich: Lange Ärmel am T-Shirt und lange Unterhosen sind noch keine Garantie für Kuschelwärme. Unterwäsche für Jogger z. B. muß etwas anderes leisten. Sie soll für Klimaausgleich sorgen und den Schweiß, den der Dauerläufer ausschwitzt, ableiten. Wer sie als Wärmeunderwear für den Winter benutzt, hat nichts davon.

Schlichtheit plus Wärme: Klassisch warme Winterunderwear

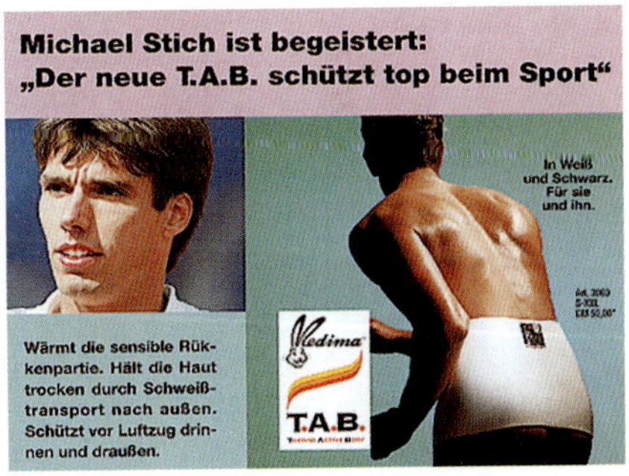

Wärme und Schweißableiten: Für normale Wäsche würde die Doppelfunktion eine zu „dicke" Textur erforderlich machen. Deshalb verarbeitet man den „Wärmen-plus-Klimaausgleich-Effekt" nur als Teilstück

KORSAGE & BADEMODE

HANDWERK HAT GOLDENEN BODEN

Frauen mit Cupgröße C bis D sind im Kaufhaus als Kundin von vornherein ausgeschieden", so der Kommentar einer attraktiven Blondine mit Minirock, hochhakkigen Pumps und einem lässigen T-Shirt über Büstenhalterschalen vermutlich der Größe D. Aber auch Frauen mit kleineren Brüsten müssen herumprobieren und sich fachkundiger Beratung anvertrauen. Ein sündteurer Büstenhalter kann sich zur Brustspitze hin eindellen, weil sich der Stoff dem Busen nicht anpaßt (was selbst bei hochwertiger Seide der Fall sein kann, wenn der Schnitt zum Beispiel bei 75 B so geführt ist, daß er 75 C gleichkommt). Die Unebenheiten sieht man unter einem anliegenden Pullover, sie können höchstens durch ein unter die Brust geschobenes Wattestück zur Not ausgebügelt werden. Wer aber mit Polstern mogeln will, kann gleich einen Ultrabra oder Wonderbra mit eingebautem Push-up-Effekt kaufen.

Der Ausschnitt bringt einen großen Busen zur Geltung (Modell von Glumann)

Da verrutscht dann nichts. Bei Badeanzügen bemerkt man das Problem der Frauen mit der leidigen Paßform an der Art der Ausreden. Eine Sonnenallergie wird vorgeschützt oder eine Empfindlichkeit gegen Chlor. Ein Badeanzug, in dem man eine gute Figur macht, kann diese Empfindlichkeiten über Nacht verschwinden lassen. Aus den Kabinen von Wäschegeschäften und Spezialkaufhäusern mit Abteilungen für Bademoden (wie zum Beispiel Beck in München und Düsseldorf oder Krines in München) sind schon viele Frauen geheilt herausgegangen, wie das beratende Personal bestätigt. Der Grund ist simpel: Sie sahen, selbst bei Größen über 42, einfach gut aus. Und zwar in einem Badeanzug aus dem Haus Glumann, einem Haus, das sich nicht scheut, neben einer mittel„großen", eleganten und einer flippigen superjungen, eine Bademodenlinie für üppig proportionierte Frauen anzu-

Eine Näherin, die eine Korsage – und früher ein Korsett – nach Maß anfertigen kann, ist heute Gold wert. Sie kann aus jeder Figur die bestmögliche Figur machen

bieten. Das Haus Glumann hat Background und greift darauf zurück. Die Geschichte zum Erfolg: Die Eltern des heutigen Inhabers Frank Glumann führten in Darmstadt ein gutgehendes Miederwarengeschäft. Bis 1954 fertigten sie noch sogenannte Vollkorsagen. Fünf oder sechs Näherinnen waren immer ausgelastet, genäht wurde selbstverständlich nach Maß. Neben Korsetts wurden Korsagen von der Kundschaft bestellt. Diese fertigte man auch mit Nähten und Stäben an.

Microfaser- und Strukturstoffe bewirken eine dezente Figurenkorrektur (Modell von Glumann)

WIE AUS EINER KORSAGE EIN ABEND-TOP WIRD

Eines Tages gab es ein Aha-Erlebnis. Auslöser war ein Freund der Familie, ein Amerikaner, der auf eine Stippvisite bei den Glumanns einkehrte. Was er erzählte, ließ sie nachdenken. In den USA war nämlich ein Trend im Aufblühen, der die Corsage mit einem Schlag von ihrem unsichtbaren Dasein „drunter" zum offen getragenen Bekleidungsstück verwandelte.
Die Stoffe waren anders, zumeist verwendete man Samt oder Seide, aber das Oberteil war auf eine maßgeschneiderte Paßform im wahrsten Sinn des Wortes angewiesen. Welche Frau wollte schon während der glanzvollen Opernpremiere zittern, daß ihr trägerloses Oberteil verrutscht? Es gab ein paar neue Hilfsmittel: Gummizüge, seitliche Verschlüsse, die das Know-how im Anfertigen funktioneller und modischer Korsagen ergänzten. Das Geschäft mit den festlichen Korsagen lief blendend. Die Mode der attraktiven Abendroben hatte sich auch in Deutschland beliebt gemacht. Bis sie einem anderen Trend Platz machen mußte.

SCHLECHTE ZEITEN FÜR KORSAGEN

Frank Glumann, der jetzige Inhaber, hatte 1962 die Textilfachschule absolviert und trat ins elterliche Geschäft ein. Der Boom mit den Korsagen war abgeflaut. Was tun? „Warum nicht eigentlich dieselbe Schnittart nach unten verlängern?" war Glumanns rettende Idee. Die qualifizierten Näherinnen mußten die Hände nicht in den Schoß legen und auf bessere Zeiten warten, der Vertrieb funktionierte, die erste Bademoden-Kollektion entstand. Man bot sie mit dem Werbeslogan „Glumann hat die perfekte Paßform" an.

Heute ist dem Handwerk weiterhin der goldene Boden gesichert, „weil wir uns sehr viel Mühe geben", sagt Frank Glumann. Einiges ist leichter geworden beim Fertigstellen einer perfekten Paßform. Man benutzt schon lange keine Gummifäden mehr, sondern Lycra und Nylon, die mit den Baumwollgeweben gemischt werden.

Das Geheimnis der perfekten Paßform ist ein offenes: Jedes Kollektionsteil wird von einem eigens dafür angestellten Muster-Team durchgetestet. Eine Rede, wie „wird schon passen" darf es nicht geben. Sowohl Längs- wie Querdehnung müssen stimmen.

Auf Details wird Aufmerksamkeit verwendet. Zum Beispiel ist wichtig, daß die Blenden am Ausschnitt und im Rücken schön spitz zulaufen und den Paßformkünstlern aus Darmstadt Ehre machen.

Abgesetzte Dekolleté-Partien gegen Musterstoffe orientieren sich an Klassik-Mode

Die junge Kollektion „Why ? Not" zeigt den wiederentdeckten Beinschnitt, den Glamour-Stars wie Rita Hayworth und Marilyn Monroe bevorzugten (beide Modelle: Glumann)

EIN ABC DER BEGRIFFE

WAS EIGENTLICH IST EIN CAMISOL?

AUSSCHNITT
Bezieht sich nicht auf den Hals-, Brust und Busenteil, der zu sehen ist, sondern bedeutet den kragenlosen Abschluß der Oberbekleidung (mit Dekolleté ist dasselbe gemeint).

BABY DOLL
Sommer-Schlafanzug mit kurzen Pumphöschen und weitem fließenden Hängerchen als Oberteil. Der Schlafanzug für die „Babypuppe", wie Baby Doll im Englischen heißt, kam durch den gleichnamigen Film von Elia Kazan 1956 auf. In dem Film spielte Caroll Baker die Hauptrolle, ein ganz junges Mädchen, das Baby Doll genannt wurde. Sie trug den Pyjama auch tagsüber und machte damit die Männer verrückt.

BALCONNET
Ein Büstenhalter ohne Träger, der die Brust gut unterteilt, oft mit Bügeln versehen ist und Ähnlichkeit hat mit einem Bustier oder Torselet.

BANDEAU-BH
Ein Büstenhalter, ähnlich einem Band, trägerlos, zwischen den Brüsten leicht zusammengefaßt, empfohlen unter stark dekolletierten Kleidern.

BLENDE
Ein aufgesetzter Stoffstreifen als Abschluß oder Verzierung, bei Miedern, bei Badeanzügen.

BODYSTOCKING
Der „Körperstrumpf" ist eine Damenfeinstrumpfhose mit angewirktem Oberteil. Wird viel von Models bzw. Mannequins während Modeschauen getragen. Hat sich in der alltäglichen Mode bisher nicht recht durchgesetzt.

BODYSUIT
Kurz Body genannt. Körperanzug für drunter. Häufig sind Bodies so gearbeitet, daß das Oberteil wie ein T-Shirt, ein Top mit angedeutetem Rollkragen oder eine Bluse ist; der untere Teil ist ein Slip, wird unter Hose oder Rock getragen und im Allgemeinen mit Druckknöpfen im Schritt geschlossen.

BOXER-SHIRT
T-Shirt oder Unterhemd, am Rücken beidseitig halbrund ausgeschnitten. Die Partie unter den Schulterblättern bleibt unbedeckt.

BOXER-SHORT
Männer-Unterhosen, die sich an den Shorts der Boxer orientieren, oft eine angedeutete Bundfalte haben wie manche Tennishosen, oft auch an Hot Pants erinnern. Kommt drauf an, wie weit sie zum Oberschenkel hin geschnitten sind.

BRASSIERE
Leibchenförmiges Oberteil, es kann auch kleine Ärmelchen haben, ähnelt früheren Oberteilen von zweiteiligen Badeanzügen. Gibt es für betont junge Wäschemodelle, aber auch bis Größe 48.

BÜGEL-BH
Büstenhalter, deren Cups geformt sind;

sie werden mit biegsamen, halbrunden Bügeln gehalten.

BÜSTENHALTER
Abgekürzt BH, in England „bra". Es gibt den „One-Size-BH", ohne Nähte, aus dünnem, transparentem Material. Die Dehnfähigkeit bemißt sich etwa nach Kleidergröße 36 bis 42. Der klassische Büstenhalter hat zwei Meßdaten: Die Unterbrustweite, die in Zahlen angegeben wird: 70, 75, 80 usw. Die Busengröße, die in Cups bzw. Körbchengrößen eingeteilt ist mit der Abstufung von A (kleinste Brust) bis D, Doppel-D und E.

BUSTIER
Oberteil, ähnelt dem Mieder, liegt eng an, kann trägerlos sein. Das Wäschestück reicht nicht ganz bis zur Taille.

CAMISOL
Sehr kurzes, gerade die Brust bedeckendes Oberteil. Geht knapp bis zur Taille, hat schmale Träger, oft mit Knopfverschluß.

CATPANT
Festere Strumpfhose, ähnlich den Leggings, sie hat keinen Fuß und keinen Steg.

CATSUIT
„Körperstrumpf", elastisch, sehr eng, mehr ein Tanzdress als ein Blusenbody, wenn man ihn mit dem Bodystocking vergleicht.

CHAUFFE-COEUR
heißt Seelenwärmer (eigentlich Herzwärmer), ist ein kurzes Hemd, ähnlich einem Turnhemd. Es gleicht dem Camisol, hat aber keine Knöpfe.

COMBINAISON
Wäschegarnitur, bei der zwei oder mehr Wäschestücke in einem gearbeitet sind. Meist Hemdchen und French Knickers.

CORSAGE
Trägerloses, schulterfreies Oberteil, geeignet für Abend-oder Festkleider. Es ist wie ein Mieder gearbeitet.

CORSELETT
Zusammenhängender Büstenhalter und Hüfthalter, größtenteils aus elastischem Material. Die Cups können aus Tüll, jedenfalls aber aus unelastischem Material gearbeitet sein.

FRENCH KNICKERS
Aus Seide oder Satin gearbeitete Shorts, mit seitlichem Schlitz.

HIP-ROCK
Dessous-Rock, hauteng, mit eingearbeitetem Slip. Formt die Figur und wird unter engen Kleidern oder Röcken getragen.

HÜFTGÜRTEL
Kam gemeinsam mit dem Reformkleid Anfang des Jahrhunderts auf. Ein sogenannter Leibhalter aus starkem Leinen mit Gummizugeinlagen.

KORSETT
Hüfthalter, hüft- und taillenformend, ist

Seidenteddy: Hemdhöschen, das die Figur umspielt (von Hanro)

schwerer als ein Korselett und besteht aus mehrfachelastischen Geweben. Wird oft mit Haken und Ösen geschlossen. Mit Strumpfhaltern ausgestattet.

MIEDERHÖSCHEN
Figurformendes Höschen, gibt's in mehreren Ausführungen, mit kurzen oder längeren Beinen. Die kurze Form heißt auch Panty, die lange Longline-Hose.

MOLDED BRA
Durch Molden – eine thermoplastische, nahtlose Methode – geformte Cups. Empfohlen, wenn das Top leicht durchsichtig ist und BH-Nähte nicht gut aussehen.

NEGLIGÉ
Ein fließender, dünner Überwurf, den man passend zum Nachthemd oder Pyjama kauft. Meist aus Seide.

RIO-SLIP
Sehr kleidsamer Slip-Schnitt, bei dem das Bein hochgeschnitten ist und der Bund des Höschens parallel zum Beinschnitt ein V beschreibt (sog. Nabelausschnitt).

SLEEP-SHIRT
Kurzes Nachthemd im T-Shirt-Stil, oft bunt bedruckt.

STRING-TANGA
Er besteht aus zwei winzigen Stoffdreiecken, eines vorn, eines im Schritt, von dort zur Hüfte führt ein Band.

STRUMPFBAND
Hält, oft als farbiges Band, die Strümpfe. Wird bei Hochzeiten von der Braut getragen. Meist in Blau.

TANZGÜRTEL
Sehr schmaler Strumpfhaltergürtel mit Spitzenbesatz.

TEDDY
Ähnlich der Combinaison zwei Teile in einem: Hemd und Slip, der Slip mit Schlitz an der Seite, der Teddy ist lose geschnitten und in der Taille schmaler.

TOP-SHIRT
Variation des T-Shirt. Eng geschnitten, endet auf halber Brusthöhe, wird meist in Kombination mit einem Slip angeboten.

TORSOLET
Sommerlicher, korsettähnlicher Lang-BH. Er bedeckt gerade noch den Nabel und ist oft üppig verziert, so daß man ihn wie eine Corsage unter der Bluse herausschauen läßt

U-SHIRT
Ärmelloses Unterhemd mit U-förmigem Ausschnitt.

VAMP-STIL
Oberteile mit Ärmeln, die die Schultern freilassen.

WEGWERF-TEXTILIEN
Aus papier-, folien- oder vliesartigen Materialien hergestellte Teile, meist Höschen. Heute sehr selten.

UNSERE SCHÖNE WÄSCHE-WELT

BODYWEAR ALS MEDIENEREIGNIS

Dream-Team: Dieser Dame darf man unter die Bluse gucken. Man darf/soll ihren BH der Marke Playtex sehen. Sie (das Fotomodell) beteuert im Anzeigentext: „Ich träumte, ich ginge in meinem maidenform bra einkaufen." Die Firma Playtex bediente sich dieses Grundmotivs in unzähligen Variationen etwa 20 Jahre lang (1949 bis 1969)

Es ist paradox: Etwas derart Intimes wie Unterwäsche, Bodywear, Underwear, Dessous ist seine auf öffentliche Darstellung angewiesen. Anders gelangen diese Artikel nicht an ihre Zielgruppe, die Käufer. Derjenige, der in einer Zeitschrift blättert, TV-Spots und Kinowerbung am Rande wahrnimmt, an Displays im Warenhaus vorüberhastet, könnte für eine bestimmte Marke Bodywear der maßgeschneiderte Verbraucher sein. Oder vielmehr umgekehrt: Eine bestimmte Marke könnte für den potentiellen Kunden exakt die sein, mit der er sich identifizieren will. Nun gibt es nur eine Schwierigkeit: Wie erfahren Fräulein Meier und Herr Schmitt, welche der unterschiedlichen Marken ihre oder seine Sprache spricht, ihrem oder seinem Lebensgefühl gemäß ist?

In einem Magazin, das man liebt, erwartet man Anzeigen, denen man glaubt

Übrigens ist der meistgenannte Grund, warum notorische Unterwäschemuffel sich plötzlich entschließen, Slips im Dreierpack (meist sind diese Asienimporte), Unterhemden oder einen neuen Büstenhalter zu kaufen: Es kommt ihnen der Gedanke, sie könnten einmal unversehens in einem Krankenkaus landen. Wegen eines Verkehrsunfalls beispielsweise. Die Vorstellung, mit einem grau verwaschenen Slip, dessen Beinabschluß bereits ausgeleiert ist, und einem ausgedienten BH unter die Lupe genommen zu werden, ist peinlich.

Klare Tatsachen: Früher wurde mit Fakten geworben. Aussehen der Wäsche, Material, Preis. (Anzeige von Hanro, 1946, in der Schweizer Illustrierten Zeitung)

Lifestyle Underwear: Skiny wirbt um junge Menschen mit TV-Spots und vier Kollektionen, underwear, nightwear, bodywear = körpernahe Oberbekleidung, casualwear. (Auftritt in „Max", Leserpublikum: jung, Männer und Frauen, Auflage: 220.858)

Lippenbekenntnis: Sie nascht Pralinen und zeigt eine appetitliche Figur. „Barbara c´est moi" ist ein Wiedererkennungsspruch der Firma Barbara (in „Vogue", Leserpublikum: elitär, vorwiegend Frauen, Auflage: 106.821)

WÄSCHE ZUM HERZEIGEN

Keiner kann dem anderen unter den Rock sehen. Keiner weiß, welche Wäsche die attraktive Kollegin unter dem neuen, schmalgeschnittenen Kostüm trägt. Die Anzeige als ehemaliges Informationsmonopol hat heute eher Orientierungs- und Beratungscharakter. So liefern viele Anzeigen einen Spruch mit, mit dem sich der Betrachter einverstanden erklären kann. („Skiny. Alles andere ist eine Qual." Oder: "Ich finde es stark, auch mal schwach zu werden" von Barbara Dessous.) Frauenzeitschriften mit bestimmten Auflagenhöhen und genau umrissenen Leserprofilen stellen Mode und Underwear-Mode in ihren redaktionellen Beiträgen dar. Die Leserin schätzt den Stil ihres Lieblingsheftes. Ist sie eine Wechselwählerin, blättert sie mal diese, mal jene Zeitschrift durch, kann man davon ausgehen, daß sie bestimmte Botschaften sogar besonders aufmerksam wahrnimmt. Sie ist auf der Suche. Sie ist ansprechbar. In Magazinen sucht sie nicht ausschließlich nach redaktionellen Beiträgen, sondern auch nach Werbung, nach Produkten, die zu ihrem Lebensstil passen sollen. Schafft es eine Anzeige, ihre Aussage schnell und zugespitzt auf den Punkt zu bringen, wirft sie einen Anker aus. Beim nächsten Einkaufsbummel wird sich dann zeigen, ob es „klick" gemacht hat und ob „da was war".

Verwirrend: High Heels und Spitzen-BH fesseln die Aufmerksamkeit. Geworben wird für das elegante, taillierte Kostüm. Von comma (in der „Spiegel")

WIE EIN LESER ZUM KÄUFER WIRD

Mehr als eine Million Menschen lesen den „Stern" (im zweiten Quartal 1995 laut Informationsgemeinschaft zur Feststellung der Verbreitung von Werbeträgern genau 1.220.104). Eine Anzeige in diesem Heft garantiert also eine große Reichweite. Mit dem „Stern" erwischt man in Deutschland die meisten Leser, im Monat über 4 Millionen. Das sind mehr noch als der „Spiegel" vorzuweisen hat, der mit einer guten Million pro Woche aufwartet (im zweiten Quartal 1995 laut IVW mit 1.057.274).

Eine Firma, die in einem der beiden Magazine mit ihrer Anzeige erscheint, erreicht ein buntgemischtes Millionenpublikum. Das ist das eine. Sie erreicht aber auch potentielle Kunden, weil sie davon ausgeht, daß zumindest ein kleiner Teil der „Spiegel"-Leser länger als ein paar Minuten an einer von durchschnittlich 250 Seiten hängen bleibt, wenn ihn ein Bericht besonders fesselt. Liest er sich fest, kann es sein, daß sich auch die beworbene Marke, die neben dem Artikel steht, in seinem Gedächtnis verankert. Was der Marke zugute kommt: Magazine wie „Der Spiegel" und der „Stern" genießen Glaubwürdigkeit. Der Leser ist geneigt, den Bonus auch auf das im Heft beworbene Produkt zu übertragen. Kauft er – und ist zufrieden –, hat sich der Kreis geschlossen. Typischer Leser, typisches Warenangebot haben zueinander gefunden. Ein Problem wurde aber noch nicht berücksichtigt: Wo findet der interessierte Käufer den Point of Sale, das heißt: Woher soll er wissen, wo er genau den Slip bekommt, der ihm gefällt, und nicht irgendeinen x-beliebigen?

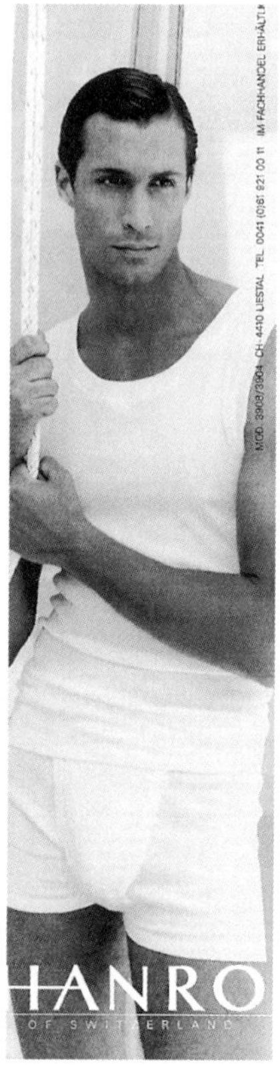

Glaubwürdig: Hanro of Switzerland bewirbt klassisch-schöne Underwear (in „Der Spiegel", Auflage: über 1 Million)

Selbstredend: Die Wäsche verkauft sich selbst (in „Elle", Leserpublikum: Junge Business-Frauen, Auflage: 218.619)

DIE FRAUEN UND IHRE ZEITSCHRIFT

Das amerikanische Frauenmagazin „Vogue" appellierte 1942 mit einer Meldung an das Solidaritätsgefühl ihrer Leserinnen: Die „Vogue"-Leserin möge ihr Korsett zur Reinigung und zur Reparatur an eine bestimmte angegebene Adresse senden, war Inhalt des Aufrufs. Mit dieser Aktion war in Aussicht gestellt, daß Gelder und Materialien gespart würden, die in Kriegszeiten anderen Zwecken dienen sollten. Den Leserinnen wurde eine Vergütung als Lohn für die Mithilfe zugesichert.

International: Boss wirbt für seinen Männer-Slip (in der britischen „Vogue")

Auf einer Titelseite der „Vogue" wurde bereits im Juli 1941 unmittelbar die Verbindung zwischen „Schönsein", „Fitsein" und „Women in Defense" hergestellt. Die Situation ist besonders plakativ, aber nicht einmalig. Sie spiegelt nur ein Prinzip wider: Frauenzeitschrift und Leserin haben ein Verhältnis zueinander, wie eine erfahrene ältere zu ihrer weniger erfahrenen jüngeren Schwester. Sie erfüllt Erziehungs- und Betreuungsfunktion, abgesehen von der aktuellen Modeinformation, die sie leistet und dem Klatsch & Tratschbedürfnis, dem sie Tribut zollt.

Der unmittelbare Kontakt der Frauenzeitschriften zu ihren Leserinnen ist für den Textilhersteller der Anreiz, seine Werbemaßnahmen in entsprechende Titel einzuschalten. Die Verbreitung eines Objektes ist dabei auch, aber nicht nur, ausschlaggebend. Zum Beispiel verkauft der Dauerbrenner „Brigitte" eine gute Million Hefte, die „freundin" etwas mehr

als 700.000, die „Petra" 351.457, „Cosmopolitan" 324.768 Hefte. Was aber mindestens so interessant ist, ist die Vermittlungstätigkeit, die in Frauenzeitschriften über den sogenannten Herstellernachweis, Merchandising, erfolgt. Zum Beispiel: Wenn innerhalb eines schön fotografierten Modethemas ein bestimmtes Teil, nehmen wir an, es sei ein Büstenhalter, besonders gut gefällt, die Firma (meist in Klammern) genannt

Ohne Worte: Edle Wäsche von Bleyle (in „Vogue")

wird, kann man im hinteren Teil desselben Heftes nachlesen, wo entweder Vertrieb oder Verkaufsadressen dieser Firma zu finden sind. Hat in der gleichen Ausgabe des Magazins der entsprechende Hersteller noch eine Anzeige plaziert, wird die Information vertieft. Zwischen Redaktionen, den Anzeigenabteilungen und der Mode- bzw. Textilindustrie betreibt man daher sehr viel Kommunikationsaufwand. Werbeagenturen, die von den Großherstellern beschäftigt werden, tragen dazu bei, daß der Auftritt eines bestimmten Produkts in einem bestimmten Objekt, der Zeitschrift, zu einem möglichst schlüssigen Medienereignis wird. Darüber hinaus werden redaktionelle Hervorhebungen einer oder mehrerer Firmen als Bildaufsteller an den Fachhandel geliefert. Dann kann der Leser als Kunde sicher sein, daß er an die richtige Adresse geraten ist.

Vielseitig: Mit dieser Anzeige wirbt Barbara Dessous in „freundin", in „Brigitte", und in „Petra"

HEUTE WIRD DIE EMANZIPIERTE FRAU UMWORBEN

Eine junge, modebewußte Frau besitzt durchschnittlich acht Büstenhalter und 20 Unterhosen. Sie hat in ihrem Wäscheschrank mindestestens doppelt so viele Slips wie Büstenhalter, daneben lagert sie noch etliche Bodies. Geht sie in ein Wäschegeschäft, verlangt sie nach ganz bestimmten Marken. Wie sich Wäschepräferenzen entwickeln, zeigt sich am Beispiel einer jungen Business-Frau, Jahrgang 1968. Auf die Frage nach der Wäsche, die sie als Kind getragen hat, antwortet sie: Meistens Frotteehöschen, auch Baumwollslips, dazu baum-

Girlie: Erst Mädchen, dann Power-Frau. Der Wäscheweg ist vorgezeichnet (hier ein Motiv von Skiny für die Saison 1996)

Ansprache: Mit diesem Spruch wird für die junge Designer-Mode von Dorothea Löhr geworben. Zielgruppe: Single, weiblich, kaufkräftig. (in „Vogue")

Das Selbstverständliche ist heute das Außergewöhnliche.

wollene Unterhemden. Die Höschen waren oft geringelt, geblümt und ziemlich groß.

Auf die Frage, wie der erste BH ausgesehen hat: Er war schlicht, weiß, ohne Spitzenbesatz, aus einer Serie speziell für junge Mädchen. Auf die Frage, wie die Wäsche aussah, die sie mit 21 Jahren getragen hat, lautet die Antwort: Fast gleich wie jetzt. Sie trägt immer BH und Slip, bevorzugt in Schwarz. Mit 21 trug sie allerdings preiswertere Wäsche, z. B. von Hennes & Mauritz. Auf die Frage, was sie Mitte der 90er Jahre bevorzugt, antwortet sie: Wäschemarken wie „Malizia", „La Perla", „Aubade", „Risk". Weiter, wie schon früher, BH und Slip. Bodies seltener, höchstens im Winter.

FRAUEN-MARKETING

Eine immer feinere Typologie der Zielgruppen wird von Firmen angestrebt. Das Ziel, gute Verkaufsergebnisse zu erzielen, wird mit immer ausgefeilteren Marketingstrategien verfolgt. Die Notwendigkeit, selbständige, gutverdienende Frauen zu umwerben, ergab sich, weil Männer als Textilverbraucher nach wie vor überwiegend passiv sind. Man unternimmt Versuche mit Werbemotiven, die Paare darstellen, und hofft, daß sich der Mann von der konsumfreudigeren Frau ins Schlepptau nehmen läßt. Entsprechend schlechte Karten hat die sexistische Werbung. Nicht, weil sie den Männern in den Werbeagenturen nicht gefiele. Das ist nicht der Grund. Sie bringt keine Ergebnisse. Der Mann betrachtet

Schräge Partner: Sie werben für Dolce & Gabbana, auch für D & G-Underwear (in „Elle")

sie mit Wohlgefallen, die Frau mit Skepsis. Weiter passiert nichts.
Die multifunktionalen Werbekampagnen im ausgehenden 20. Jahrhundert nehmen daher den Megatrend Narzißmus auf. Zärtlichkeit, Erotik, Partnerschaft, Komfort, Anerkennung sind die Stichworte. Der neue Mann und die neue Frau sind zwar statistisch nicht genau erfaßbar. Aber ihre Bedeutung als Meinungsbildner und Entscheidungsträger wird dokumentiert durch die Vielfalt der körperbetonten Anzeigenmotive. Sie vermitteln den gleichaltrigen Lesern, daß Bodywear etwas zum Zeigen ist: offen, spontan, selbstbewußt. Sie gehen Synergien ein mit Zeitschriftentiteln, die diesen bestimmten Lesertypus als Zielgruppe ausweisen. Zum Beispiel „Max", „Joy", „Elle", „Marie Claire", „Vogue". Wobei es hier zu Überschneidungen positiver Art kommt. Wer erst einmal, wie das oben aufgeführte Beispiel veranschaulicht hat, auf den Trip gekommen ist, wird zunächst Spaß an der Wäsche und bald

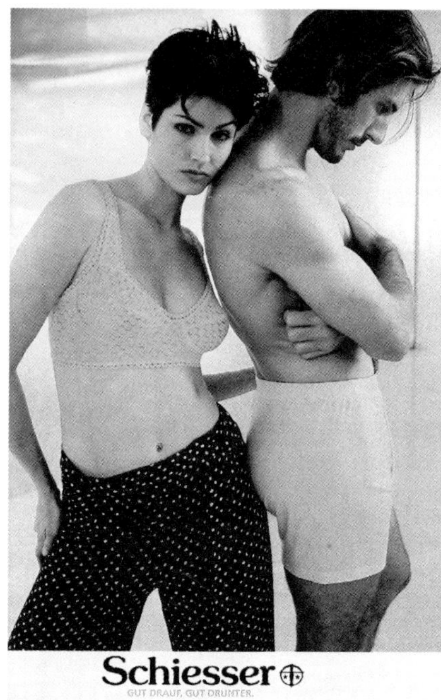

Gut drauf, gut drunter: Umsatz-Multi Schiesser bewirbt eine seiner jungen Linien (in „Max")

darauf Spaß an der Luxuswäsche entwickeln. Die Dessous-Hersteller berücksichtigen das sogar in ihren Kollektionen. Sie führen junge Linien neben der Prestige-Marke. Die junge Linie von La Perla heißt Malizia, die jungen Linien von Andrés Sardá heißen Risk und University. Fündig wird der erwachsener werdende Leser dann in den entsprechenden Hochglanzmagazinen („Elle", „Marie Claire", „Vogue").

Schwellenangst: Kein Grund, ein Wäschemuffel zu bleiben. Ein Wäsche-Katalog „Mec Mail Order" bietet elitäre Underwear per Post. Seit neuestem auch die Superslips von Nikos (in „Max")

Olé: Andrés Sardá, der spanische Dessous-Designer, war ursprünglich Textilingenieur. Seine Stoffe sind erstklassig (in „Vogue")

VOM GUTEN GEFÜHL, EIN VIP ZU SEIN

Es gibt Marken, die einfach als Synonym für höchste Qualität betrachtet werden. Entweder, weil sie seit Jahrzehnten an der Spitze ihrer Märkte stehen. Oder weil sie es innerhalb kurzer Zeit geschafft haben, sich einen Platz an der Spitze zu erobern, dies dann aber durch Qualität und nicht aufgrund eines schnellen Gags. Für den spanischen Dessous-Designer Andrés Sardá trifft das zu, der seit acht Jahren mit geradezu enthusiastischer Phantasie, erlesenen Materialien und extrem guten Paßformen auch in Deutschland erfolgreich an die Spitze der Super-Underwear vorgedrungen ist. Bisher gilt er noch fast als Insider-Tip. Den Bossen der Luxusfirma La Perla bereitet er sicher einiges Kopfzerbrechen.

Jedenfalls gibt es so etwas wie eine Anbieter-Autorität. Luxusmarken, die seit Jahrzehnten an der Spitze ihrer Märkte stehen wie Cartier oder Vuitton (bei Underwear z. B. La Perla und Hanro), galten lange als Symbole aus der Welt der Schönen und der Reichen. Dazu schreibt Otto Belz, Inhaber und Geschäftsleiter der perSens in St. Gallen: „Die Erfüllung einer Grundfunktion setzen wir als selbstverständlich voraus: Der Füllfederhalter muß schreiben, der Pullover warm geben und eine Uhr die Zeit messen. Aber darüber hinaus können diese Produkte so geschaffen sein, daß sie ihrem Besitzer Zusatzbedürfnisse befriedigen, einen Hauch von Exklusivität oder Perfektion mitliefern und ihn dazu bringen, eben nicht nur einen Füller oder Pullover, sondern ein ganz bestimmtes Produkt oder eine Marke zu wählen und dafür oft den vielfachen Preis zu bezahlen". Und weiter: „In Märkten, wo es kaum noch unbefriedigte Bedürfnisse gibt und fast jede Leistung die Grundfunktion tadellos abdeckt, wächst die Domäne des Luxus. Hier werden Unterschiede geschaffen, Alleinstellungen erreicht und Mehrwerte erzielt. Hier entscheidet es sich, ob ein Produkt oder eine Marke gekauft wird oder nicht".

DER LUXUS IST STILLER GEWORDEN

Der Marktexperte formuliert zwei voneinander unterschiedene Bedürfniskategorien, und zwar erstens das Bedürfnis nach Prestige als ein mehr außengerichtetes – und dasjenige, sich mit Dingen zu umgeben, die einem Menschen in seiner Persönlichkeit entsprechen und befriedigen. Das ist ein mehr innengerichtetes Bedürfnis.

In der deutschen „Elle" kommen diese Prestige- und Selbstwertkategorien beispielhaft zum Ausdruck, wenn auf einer Fotografie eine junge Frau im Morgenmantel – darunter trägt sie kostbare Unterwäsche – Siesta hält. Sie hat sich auf dem Bett ausgestreckt, umgeben von verschiedenen Gegenständen, die sie gerade noch benutzt hat. Es sind ein Laptop, ein Telefon, ein Kugelschreiber, der auf einem Blatt liegt, das aus einem Notizblock herausgelöst ist. Die Bildunterschrift zu diesem Stilleben benennt die Gegenstände auf dem kunstvoll arrangierten Bild ganz im Sinn der beiden Bedürfniskategorien: „Luxuriöse Dessous von La Perla. Der herrlich bequeme Morgenmantel im Stil eines Kimonos ist aus weichem Seidensatin gearbeitet und kostet um 800 Mark. Dazu ein BH mit schmalen Trägern und ein hochgeschnittener Slip im Stil der 50er Jahre (90 und 140 Mark). Notizblock von Hermes, Notebook von Panasonic". Daß der Kugelschreiber ein Montblanc ist, wird in der Bildlegende nicht einmal erwähnt.

In seinem Essay über die Kraft der Luxusmarken weist Otto Belz darauf hin, daß die hochqualitativen Produkte eine hohe Arbeitsautorität genießen. „Luxusmarken sind ihrem Wesen nach Herstellermarken, haben ihren Ursprung in der Markierung der alten Handwerker, die beispielsweise den Boden eines teuren Porzellans kennzeichneten".

Die Demonstrations-Funktion eines Produktes, seine Fähigkeit, andere zu beeindrucken, nützt sich ab, je mehr Leute die Luxusartikel besitzen. Aber, so Belz: „Produkte, mit denen der einzelne selbst Freundschaft geschlossen hat, die ihm selbst – unabhängig von jedem sozialen Eindrucks-Management – Freude machen, haben mehr Bestand. Der Käufer bevorzugt Marken und Leistungen, denen er sich verwandt fühlt, die seine Wertvorstellungen verkörpern und damit zum Symbol einer Lebenshaltung oder eines Lebensgefühls werden, die er als persönlich empfindet. Luxus wird dadurch stiller."

Die Königin: Wäsche von La Perla ist Inbegriff der Luxus-Lingerie (in „Vogue")

UNTERWÄSCHE-KNIGGE

ERLAUBT IST, WAS GEFÄLLT

Ultrabra von Gossard: Gibt es auch mit Vorderverschluß und als Ultrabody

Eva Herzigova: Der Wonderbra machte sie als Model berühmt

Auf die Frage: „Was sollte eine Frau auf jeden Fall in ihrem Kleiderschrank haben?" antwortet der 37jährige Peter Boveleth: „Das kleine Schwarze von Ambiente und einen Wonderbra". Boveleth führt gemeinsam mit seinem Bruder Michael und Hans Hugo Hocke das junge Mode-Unternehmen Ambiente.

Der Wonderbra hat sich emanzipiert: Heraus aus der Schummelecke und gleich ins Scheinwerferlicht. Und das, obwohl er eigentlich ein altehrwürdiges Wäschestück ist. Der Büstenhalter mit den an beiden BH-Schalen seitlich angebrachten Spezialpolstern, die die Brüste zur Mitte hin zusammenschieben und damit automatisch für eine appetitliche Wölbung sorgen, hat Vergangenheit. Um seine Zukunft dürfte es ebenfalls gut bestellt sein. Die Prototypen (Ultrabra und Wonderbra) haben mittlerweile viele Dessous-Hersteller in reizvollen Abwandlungen in ihr Sortiment eingebaut. Um nur einige zu nennen: Palmers, La Perla und Triumph bieten ihn an. Die zwei „Ur"-Wunderbüstenhalter Wonderbra und Ultrabra (der englischen Firma Gossard) findet man heute in Wäsche-Fachgeschäften und, meterhoch in ihren Verpackungskartons aufgestapelt, in Läden für junge Mode (wie Hallhuber).

Der Mogel-BH hat sich, nicht zuletzt durch den rasanten Erfolg der unorthodoxen englischen Modequeen Vivienne Westwood, zu einem Must unter aufgeknöpften Blusen, outrierten Miederoberteilen und tief dekolletierten Minikleidern (zum Beispiel der Westwood) etabliert.

Ärzte warnen: Brust-Krebs durch BH

US-Ärzte warnen:
► **BHs sind gefährlich!**
► **Büstenhalter erhöhen das Krebs-Risiko.**
► **Frauen, die ihren BH länger als 12 Stunden tragen, erkranken 21mal öfter an Brustkrebs.**

Grund: BHs schnüren die Lymphdrüsen im Busen ein. Deshalb werden Krebserreger schlechter abgebaut. Was tun? **Seite 8.**

Alarm auch für Eva Herzigowa – BHs schnüren die Lymphdrüsen ein! Foto: BULLS

Alarmierende Botschaft: Der BH soll gefährlich sein

PRÄSENTIEREN & PROVOZIEREN

Wo sich ein Trend so unbekümmert provokant durchsetzt und dabei knapp an allem, was die Tugendwächter so für gut und richtig halten, vorbeischlingert, darf natürlich der erhobene Zeigefinger nicht fehlen. Im Fall des Wonderbra ließ es sich ein amerikanischer Arzt namens Singer vom Institut für Zivilisationskrankheiten in Hawaii nicht nehmen, vor drohender Brustkrebs-Gefahr zu warnen. So findet man die Erläuterungen einer eigens zum Thema BH angefertigten Studie am 18. April 1995 – illustriert an Wonderbra-Model Eva Herzigova – auf der Titelseite der Bild-Zeitung unter der Überschrift „Ärzte warnen: Brust-Krebs durch BH". Worin die Bedrohung gesehen wird: „Die engsitzenden BHs schnüren das Gewebe ab. Die Lymphgefäße in den Brüsten können nicht richtig arbeiten. Sie sind Teil unseres Immunsystems, das den Körper von Umweltgiften säubert. In dem Fettgewebe des Busens sammeln sich viele schädliche Stoffe (z. B. Pestizide, krebserregende Chemikalien). Durch zu enge BHs werden die Schadstoffe nicht abgebaut. Die Folge: Die Gifte verwandeln gesunde Zellen in Krebszellen, die sich Jahre später zu bösartigen Tumoren entwickeln. Der besorgte Singer rät: ‚Frauen sollten die Zeit, in der sie einen BH tragen, so kurz wie möglich halten.' " Meint der zitierte Dr. Singer vom Institut für Zivilisationskrankheiten auf Hawaii generell BHs, nur zu eng sitzende BHs jeder Paßform oder explizit das Modell des auf den Push-up-Effekt zugeschnittenen Wonderbra? In den Ausführungen werden Zahlen aufgeführt, die Zweifel zulassen, was die Praxisnähe dieser Studie angeht. So ist die Rede davon, daß 99 Prozent der untersuchten Krebspatientinnen vor ihrer Erkrankung mehr als 12 Stunden täglich einen BH getragen hätten. Und: daß Frauen, die sogar nachts einen BH tragen, ein Krebsrisiko von 125 Prozent eingingen. Auf der Abschußliste stehen trägerlose Modelle, Bügel-BHs und die Wunder-BHs. Was die Krebsgefahr betrifft, weisen Experten seit einigen Jahren darauf hin, daß sie genetisch vorprogrammiert, also erblich sei. Mechanische äußere Einflüsse werden nicht als Krankheitsverursacher in Betracht gezogen. (Allerdings können zu enge BHs zu einem leichten Rückstau im Achselfortsatz der Brust führen. Der Schmerz hat aber keine krankhafte Ursache. Gegen ihn hilft nur: größere Büstenhalter tragen.)

ES DARF GESCHUMMELT WERDEN

„Frauen sind Manns genug, um zu ihren Anziehungspunkten wie Busen und Po zu stehen. Wonderbras sind auch als Symbol der Befreiung zu sehen", sagt

Coming Out: Der Wonderbra als Premierengeschenk

die österreichische Sex-Doktorin Gerti Senger. Deshalb muß ja nicht gleich jede Warnung, die wohl auch den Zweck haben soll, Aufmerksamkeit auf das untersuchende Institut zu lenken, im Übereifer „pro Wonderbra" ignoriert werden. Rote Druckstellen von Bügeln, sichtbare Furchen über den Schultern und am Rücken, von den Trägern oder dem Rückenteil eines zu knapp bemessenen BHs verursacht, sind ohnehin kein schöner Anblick.

Provozierend sexy und als Modezitat overdressed sein, ist ohnehin immer nur eine Angelegenheit von wenigen Stunden. Dazu benötigt man die besondere Bühne, am besten ein „event". Entsprechend spielte der Wonderbra bei einer Filmpremiere mit anschließender Party in der Münchner In-Diskothek P1 eine vielbeachtete Rolle.

Der Regisseur ließ als Appetitanreger auf Premiere und Party über die Münchner Abendzeitung zehn Wonderbras als Preis einer Teilnehmerverlosung ankündigen. Die AZ distanzierte sich leicht amüsiert in ihrer Meldung zum Bild. Trotzdem wird aktenkundig, daß damit der Mogel-BH sein Coming out mit Bravour hinter sich gebracht hat.

DER HANDEL MIT „NAUGHTY LINGERIE"

„Naughty lingerie", unartige Wäsche nennt Vivenne Westwoods Sohn John Corre einen Großteil seines Wäschebestandes im Londoner Lingerie-Shop „Agent Provocateur". Provokation steckt ihm im Blut. Er verbindet sie mit einem Anliegen, das da heißt: Die Heterosexualität wieder attraktiver zu machen. Joe Corre meint, man solle endlich von den Homosexuellen lernen, die den Wert verführerischer Dessous schon längst erkannt und kultiviert haben. Den ganz normalen Heteros, die etwa denken, sowas bräuchten sie gar nicht, will Corre eine kleine Lektion erteilen.

Popo als Mode: „Mit High Heels und Popo-Polstern erschaffe ich eine ganz neue Silhouette", sagt die englische Modequeen Vivienne Westwood

Jean-Paul Gaultier: Drüber und drunter im Schottenkaro

Das Groteske ist bei Westwood-Mode das Normale. Dabei handelt es sich immer nur um Übertreibung, die Proportion bleibt gewahrt, den naturgegebenen Akzenten einer Frau, Busen, Taille, Po und Beinen, verhilft die Westwood zu zusätzlicher Präsenz. Ein Hinterteil, das durch einen Cul de Paris betont wird, kann nicht übersehen werden. Die Modeschöpferin, die in den 70er Jahren mit ihrem damaligen Lebensgefährten Malcom McLaren „fuck off" zum Lebensmotto ausgab und der Punkrock-Band „Sex Pistols" Kostüme aus Stoffetzen schneiderte, die von Toilettenspülketten und Sicherheitsnadeln zusammengehalten wurden, provoziert ungeniert weiter. Als sie bei einem Empfang der englischen Königin im transparenten Abendkleid ohne Dessous darunter erschien (im Alter von 52), sollen einige der Anwesenden die Luft angehalten haben. „Ich trage schon seit Jahren keine Slips mehr, es sei denn, ich ziehe ein Tweedkostüm an. Da würde mich das Kratzen stören", meint sie nur. Ihren Mit-Schwestern, Frauen aller Altersstufen und Konfektionsgrößen, verkündet sie ihr Credo: „Seid selbstbewußter, steht zu Eurer Figur."

WIR LEBEN IN EINER ANDROGYNEN GESELLSCHAFT

Nicht weniger eloquent und provokant als die Westwood in London, ist Jean-Paul Gaultier in Paris. Der Mode-Desi-

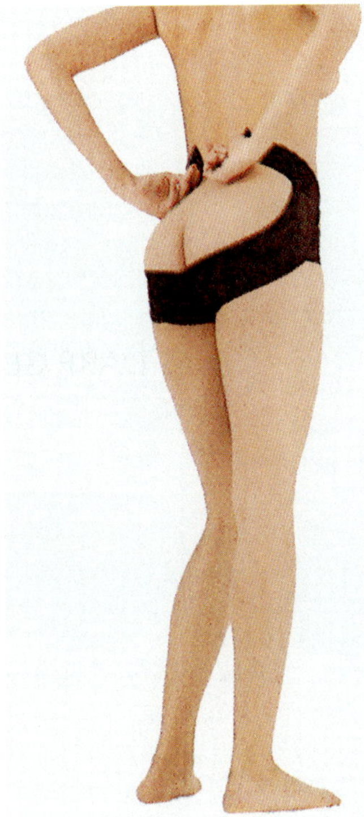

Popo zu gewinnen: Die Zeitschrift „Joy" stiftete einer Leserin den „Hip Bra"

gner, dem das Label „junger Wilder" angeheftet wurde, staffierte unter anderen Pop-Star Madonna mit Bustier und Korselett aus. Gaultier inspirierte damit eine ganze Fangemeinde. Führt er seine Kollektionen vor, mischt er klassische Eleganz, zarte Romantik und Provokation zum unterhaltsamen Modecocktail. Ingrid Bergmans berühmte Tochter Isabella Rossellini wandelt in romantischen Modellen über den Laufsteg. Kurz darauf stolzieren muskulöse Männer in Röcken und hochhackigen Schuhen auf die Bühne. „Anything goes", diese Philosophenthese Paul Feyerabends nimmt Jean-Paul Gaultier wörtlich. Schließlich, so Gaultier, befinden wir uns heute in einer androgynen Gesellschaft. „In jedem steckt etwas von beiden Geschlechtern", sagt der Modemeister.

MOGELN IN DER MODE, JA – MOGELN IM ALLTAG, NEIN

Wer zum Beispiel einen „künstlichen Hintern" oder eine einen gewaltigen Penis vortäuschende Unterhose trägt, kann bei dem Spiel mit offenen Karten nicht gewinnen. Die Mogel-Hilfen für den Po heißen „Wonder-Slip" oder „Hip Bra" und kommen aus Japan, in Deutschland sind sie nur vereinzelt zu bekommen. Aber, immerhin, sie waren schon als Preis bei dem 1995 neu lancierten Mädchenmagazin „Joy" zu gewinnen. Der simple Trick des Hip Bra: Breite Stoffstreifen verlaufen unterhalb des Pos, sie werden hochgeschnürt und um die Taille geschlossen. Sie vermitteln den Eindruck, unter einem engen Rock oder hautengen Hosen getragen, daß der Po schön rund und fest ist.

Ein anderes Kuriosum sind leichte Wattekissen, die an einem Gürtel befestigt sind und über Hüften und Po hängen. Unter einem Kleid getragen, verhelfen sie zu einer vermeintlich wohlgerundeten Figur.

Die „Super Shaper"-Unterhose für den Mann ist gepolstert. Sie wird in Amerika hergestellt und verkauft sich nicht schlecht. Unterfüttert ist vorn die Partie, wo der Penis seinen Platz hat. Hinten ist, mit einer nachgebildeten Einkerbung in der Mitte, ein gerundeter Popo aus Polsterstoff eingearbeitet.

DIE ÄUSSERE IMITATION DER MÄNNLICHEN GENITALIEN

Mogeln hat Tradition. Die Mode der enganliegenden Hose für Männer erforderte früher einmal, daß ein Latz oder eine sogenannte Schamkapsel angebracht werden mußte. Denn die knapp sitzende Beinkleidung ließ für das Geschlecht keinen Platz. In einem Bericht aus dieser Zeit liest man, daß die ursprünglich durch eine mangelhafte Schneidertechnik bedingte Notlösung recht bald als „äußere Imitation der männlichen Genitalien" stolz und triumphierend über alle Gassen getragen wurde. In der Form der Hosenlätze „ahmten die Männer das, was sie damit bedecken sollten, frech nach".

Bevor jedermann eine Mogelhose tragen konnte, war die „braguette", eine Lederscheide, privilegiertes Kleidungsstück allein der Söldner gewesen. Die Scheide war ganz von der Hose getrennt und mit dieser durch eine Schnur oder Nadeln verbunden. Bevor man dazu übergegangen war, das Gehäuse aus Leder zu fertigen, hatten die Söldner eine Metallbüchse, die mit einem Schwamm versehen war, benutzt. Sie polsterten ihr Geschlecht zum Schutz.

Vielen männlichen Popstars wie Rod Stewart, Tom Jones, Mick Jagger wurde nachgesagt, sie steckten Hasenpfoten in die Hose, um wie ehemals die Schamkapseln oder die aufgesetzten Latzteile die Aufmerksamkeit der Betrachter auf die marginale Region zu lenken. Die Aufmerksamkeit wurde meist schon durch knallenge Jeans mit knöpfbarem Hosenverschluß geweckt. Allein durch die Knopfleiste wölbte sich die Geschlechtsregion in Jeans und gab zur Spekulation Anlaß.

Wie bei den Wonderbras der drohende Zeigefinger der Gesundheitsbeflissenen, so ließ sich auch bei den engen Hosen (früher) und den engen Jeans (vor zwanzig Jahren) ein Mahner hören: Die Beinkleider des Mannes seien für die Entwicklung seiner „Geschlechtswerkzeuge schädlich" schrieb ein gewisser Dr. Faust in seinem Werk „Wie der Geschlechtstrieb des Menschen in Ordnung zu bringen und wie die Menschen besser und glücklicher zu machen sind." Der Doktor stellt darin die Behauptung auf, daß „durch den Gebrauch von Hosen das menschliche Geschlecht ausgeartet sei und die Bevölkerung sich gemindert hat". Als sich in den späten 50er Jahren Teenager mit angezogenen Jeans in die Badewanne setzten, um die Hosen noch mehr auf Hautnähe schrumpfen zu lassen, lautete die Erklärung, diesmal präziser, so: Männer sollten nicht zu enge Hosen, auch nicht zu enge Unterhosen tragen (zumindest aber nicht täglich und nicht jahrelang). Die Hoden, deren Temperatur etwas niedriger liegt als die des gesamten übrigen Körpers, brauchen das gemäßigte Klima, wenn in ihrem Inneren die Spermienproduktion geregelt ablaufen soll. Quetscht und überwärmt man die Hoden ständig, kann es zur Unfruchtbarkeit kommen.

Traumpaar: Kate Moss, Supermodel, und der schöne Unbekannte mit der CK-Unterhose

ODE AN DIE WEISSE UNTERHOSE

WIE EIN DESIGNER DIE UNTERHOSEN-WELT AUF DEN KOPF STELLT

Daß eine schlichte weiße Unterhose zum Prestigeobjekt wird, hätte wirklich niemand für möglich gehalten. Calvin Klein, der Purist unter den amerikanischen Designern, dessen Abscheu vor allem, was bunt ist, sprichwörtlich ist, hat das geschafft. Mit seinen Kollektionen war er als Couturier in der Modewelt der Reichen und Schönen bereits mehr als anerkannt. Mit seinen Jeans sorgte er für gewaltiges Aufsehen und eroberte die 14- bis 22jährigen als Fangemeinde dazu. Mit seiner Jeansreklame – Model war Brooke Shields – kamen die Sittenwächter nicht ganz klar. „Zwischen mich und meine Calvins lasse ich nichts kommen", lautete der Text der Anzeige, auf der Brooke in knallengen Jeans zu sehen ist. Das war 1980, und Brooke Shields war damals 15 Jahre alt. Calvin Klein hatte immer schon Charisma. Eine Gabe, die fragil und von Konkurrenten nicht planmäßig kopierbar ist. Klein verstand es, seinen Namen zu ideologisieren. So adelte er damit die Jeans zum Designerstück. Alle Welt sprach ehrfürchtig von den „Calvins". Gemeint waren die Jeans. Das abgenutzte Wort Zeitgeist wurde immer wieder hervorgeholt, wenn man versuchte, das Phänomen Klein zu erklären. Besonders, als der Sohn eines aus Ungarn eingewanderten Juden auch noch begann, sich für die Underwear zu interessieren und den Gummibund von Slips, Briefs und anderen Modellen mit seinem Namen schmückte, um endgültig international in allen Wäscheschränken präsent zu sein. Wer in Deutschland nicht ohne seine Klein-Unterwäsche sein wollte, hatte es in der Anfangsphase der Underwearentwicklung schwer. Es gab die Baumwollwäsche hierzulande nicht zu kaufen. So wurde es üblich, Freunde,

Suggestion: CK-Underwear als sanftes Versprechen. Wer die Wäsche kauft, fühlt sich auch gleich schön

die nach Amerika reisten, um den kleinen Gefallen zu bitten, doch einen Packen CKs mitzubringen, wenn man sich schon nicht selbst ins Flugzeug setzen konnte. Für die schnell wachsende Fangemeinde wurde die schlichte Designer-Underwear zum ultimativen Mitbringsel.

Während sich in Deutschland die Hersteller von Feinripp-Unterhosen den Kopf darüber zerbrachen, wie es einer schaffen konnte, aus dem Großvater-Utensil ein Sammlerstück zu machen, provozierte Klein weiter mit seinen – meist von ihm selbst – gestalteten Werbekampagnen. Den Textilherstellern gönnte er noch eine Verschnaufpause. Kategorisch hatte er erklärt, daß er als Jude nicht gedenke, in Deutschland einen Vertrieb aufzubauen. Für Fans bedeutete das, daß mit weiteren Beschaffungsproblemen zu rechnen war. Das war unbequem. Paradoxerweise vertiefte es die Markentreue und verlieh dem simpelsten aller Wäschestücke, der Unterhose, plötzlich einen Wert. In Schiffscontainer verpackt, wurden immer einmal wieder Riesenmengen herangeschafft, an wenige Geschäfte verteilt und reißend abgesetzt.

Die Vertriebslücke von CK brachte gleich nach der Wende einen Textilhersteller aus dem ehemaligen Osten auf die Idee, in den Wettbewerb der schlichten Unterhosen einzusteigen. Das vormals volkseigene Unternehmen Tricotex, genau genommen dessen Zweigstelle in Mittelbach bei Chemnitz, legte mit

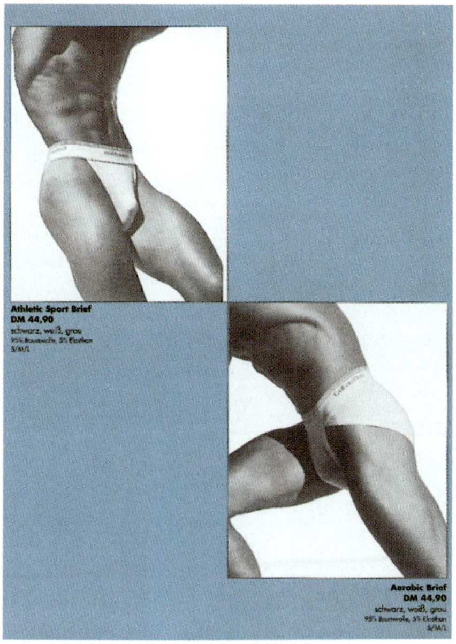

Zweimal Briefs: Es gibt sie schwarz, weiß, grau, jetzt auch im Versand

Kam, sah, siegte: Design-Unterwäsche von Bruno Banani

zunächst nur fünfzehn Näherinnen unter der Leitung von Klaus Jungnickel und Wolfgang Jassner los. Das Wäsche-Design Bruno Banani wurde kreiert. Im November 1993 war die neue Bodywear – streng, pur und sportlich gestylt – auf dem Markt. Man bot sie in ersten Geschäften in großen deutschen Städten an, und die Branche war verblüfft: Es war ja doch noch Luft in dem als übersättigt geltenden Wäschemarkt! Bruno Banani war aus dem Stand heraus ein Erfolg. Nach diesem neuerlichen Wäsche-Schock beeilten sich große Design-Hersteller wie Boss und Joop, mit Underwear als zumindest imageträchtigem Accessoire nachzuziehen. Bruno Banani, die Marke mit dem Designer-Image (obwohl es keinen Herrn Banani gibt, der Name ist nur die Kreation von Gerhard Fischbach von Stoll & Fischbach-Communication) setzte im ersten Geschäftsjahr gleich zwei Millionen Mark um. 1995 rechnet man damit, sechs Millionen an Umsatz zu erwirtschaften. Neue Mitarbeiter werden eingestellt, auf der Schwäbischen Alb sieht man sich nach einer weiteren Produktionsstätte um. Den Spaß am Sammeln können Banani-Fans mit der Funtastic-Serie ausleben. Angeboten werden limitierte Auflagen besonderer Mode-Dessous. Die ersten Stücke sind recht glamourös. Sie werden im typischen Vamp-Stil mit augenzwinkerndem Verweis auf Nylons und die Pin-up-Kultur der späten 50er Jahre angeboten. Wer auf den BB-Geschmack gekommen ist, kann auf seine „eigene" Zeitung zurückgreifen. „Propaganda" heißt sie und erscheint zweimal im Jahr.

Sammlerstück: Glamour-Zweiteiler aus der Auflage „Funtastic Women Vol. I" von Bruno Banani

Nachrichtendienst: Die Zeitung zur Bruno Banani-Wäsche. Ihr Titel: „Propaganda“

DIE UNDERWEAR LÄSST KEINEN MEHR KALT

Feinripp, Doppelripp, Singleripp haben die höheren Weihen erhalten.
CK, der Underwear-Guru, verkauft aber seinen Wäschebereich 1994 an den amerikanischen Multi Warnaco. Er entschließt sich, nur noch für Werbung und Entwurf zuständig zu sein. Wer dachte, damit sei die Episode CK-Underwear beendet, irrte. Auch Warnaco sah, daß in Deutschland die Wäscheschränke noch nicht voll waren. Der Konzern hegte keine Vorbehalte gegen Deutschland und baute im Herbst 1994 nahe der deutschen Grenze in Holland ein umfangreiches Lager auf. Seither läuft der Vertrieb wie am Schnürchen. Man konnte jetzt den CK-Boom nachbereiten und vertiefen. Routine stellte sich ein.
Da sorgte der Designer erneut für Erregung. In einer Biographie wurde ausgeplaudert, daß nicht nur seine Männermodels schwule Betrachter anlockten, sondern daß er selbst, wenn nicht homo-, so doch mindestens bisexuell gewesen sei, bevor er sich entschloß, zum zweiten Mal zu heiraten und ein „Heile-Welt-Image“ – passend zu seinen Produkten (Parfum „Eternity“ beispielsweise) – zu kreieren. Auf Befragen sagt Klein einem Reporter des „Spiegel“ mürrisch: „Sicher kann man sagen, daß ich alles gemacht habe. Aber schließlich war das in

Versteckt: Unter den beworbenen Jeans sieht man die legendäre weiße Unterhose blitzen. VPL (Visible Panty Line) nennt man das jetzt in New York

den wilden Siebzigerjahren gewesen, die Zeiten waren anders". Klein versteht nicht – oder er tut so –, worüber sich die Leute so erregen. Die Vermutung liegt nahe, daß dieser wirklich unvergleichliche Medienexperte, der nach mehr als 25 Jahren Couturier-Leben immer noch zwölf Stunden täglich arbeitet, sehr genau weiß, wie man im Gespräch bleibt. Und damit im Geschäft. Plakate, die auf New Yorker Autobussen angebracht waren, um für eine Klein-Kollektion zu werben, zeigten zehn mit Jeans, Unterhemd und Unterhose bekleidete Teenager. Christliche Vereine prangern die Werbung als Kinderpornographie an. Klein kann sich jedenfalls über rückläufige Umsätze nicht beklagen.

WIE MAN ZUM SAMMLER WIRD

Dirk Neuhöfer ist Stylist, arbeitet für Modeproduktionen, zum Beispiel für Carlos Murphy, eine Jeansfirma, die zur Diesel-Gruppe gehört. Er sammelt seit Jahren

Nymphe im CK-Stil: Drüber und drunter wird in lasziver Pose präsentiert

Calvin Klein-Underwear. Natürlich findet er auch andere Unterwäsche vom Ansehen her attraktiv, aber er stellt lakonisch fest: „Ich bin der Marke einfach verfallen. Sie deckt eben alle Bedürfnisse, und deshalb wechsle ich auch nicht.“ Eine typische Fan-Geschichte, die damit anfing, daß er erstmals auf einer Amerikareise mehrere Dreierpacks zum Preis von je 18 Dollar erstanden hatte. Später flog er von Berufs wegen häufiger nach New York und gewöhnte sich an, nur mit zwei, drei Unterhosen im Gepäck auf die Reise zu gehen, um dann mit zwanzig und mehr Teilen (Boxer, Slips, Strings) zurückzukommen. Freundinnen und Freunde wurden mitversorgt. Es war noch die Zeit, als die Beschaffung problematisch war.

In Dirk Neuhöfers Schrank stapeln sich Low Rise Briefs, Classic Sport Briefs, Strings (in Tanga-Form, die sich zum Sport besonders eignen und von Footballspielern viel getragen werden), Sport Trunks (das sind enganliegende Boxer). Die Hosen haben Knöpfe vorn oder sind glatt, haben einen Eingriff oder keinen, es kommt darauf an, ob es sich um eine Button-Fly-Boxer-Hose handelt (mit Knöpfen) oder eine Sport-Trunk-Unterhose. Ergänzt wird Dirks Bestand noch durch andere sportliche Modelle wie die Athletic Sport Brief und die Aerobic Brief.

Sich durch die Modelle namentlich durchzuarbeiten, ist eine eigene Wissenschaft. Sie lohnt aber die Aufmerksamkeit des Sammlers. Denn Calvin Klein läßt sich ständig neue Modelle einfallen, für die der Sammler nicht mehr tun muß, als sie mit Vollwaschmittel, dem er regelmäßig einen Suppenlöffel Flecksalz beigibt – das bewirkt, daß die Hosen und Hemden nicht grau werden – zu waschen und nach dem Trocknen sorgsam aufzustapeln. Dirk Neuhöfer hat sogar noch seine erste CK im Schrank. Er wird sie aufbewahren, selbst wenn die anderen einmal zerschlissen sind.

Dirk Neuhöfer, Stylist und CK-Fan

Hochgestapelt: Mehr als hundert Underwear-Teile von Calvin Klein hat Dirk Neuhöfer schon beisammen

DER DEUTSCHE WÄSCHESCHRANK

IST NOCH LANGE NICHT VOLL

Der deutsche Mann hat oft mehr Zylinder unter der Haube als Unterhosen im Schrank", eine Feststellung, die die Firma Jockey zum Guten wendet, indem sie das weitgehend brachliegende Kaufpotential ins Auge faßt. Jockey mit dem berühmten umgekehrten Y vorn auf der weißen Feinripp-Unterhose, ist in Deutschland die Firma Volma Wirkwaren GmbH in Hechingen, in Amerika der Lizenzgeber Jockey International Inc. in Kenosha/Wisconsin.

In Deutschland bemüht man sich auf über 25.000 Quadratmetern Produktionsfläche und mit einem Stückausstoß an Wäsche von 2,5 Millionen Teilen vor allem um die Unterbekleidung der Männer. Und mit einer kleinen Kollektion seit neuestem auch um die der Frauen. Angesprochen werden dabei diejenigen, die für ihren Freund oder Mann die Wäsche besorgen und auch für sich etwas mitnehmen möchten.

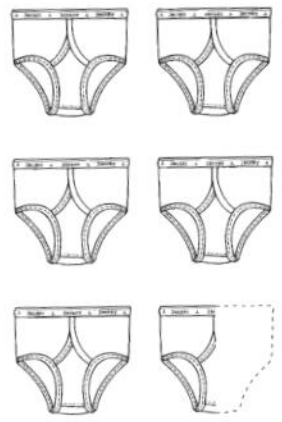

5 1/2 Unterhosen: So viele besitzt der deutsche Durchschnittsmann

Daß trotzdem im Schnitt nicht mehr als fünfeinhalb Unterhosen im Wäscheschrank des Deutschen liegen, kommentiert Jockey/Deutschland mit einem lachenden und einem weinenden Auge. Immerhin liegen die feinen, weißen Klassiker in der Beliebtheit der „Playboy"-Leser gemeinsam mit den Schiesser-Feinripp ganz oben auf der Beliebtheitsskala. 59 Prozent der Unterhosenkäufe entfallen auf den Klassiker. 17 Prozent auf Boxershorts, 16 Prozent auf Tangaslips, 4 Prozent auf Designer-Dessous, 3 Prozent auf Bodystockings und 1 Prozent der Playboyleser äußerte sich nicht zur Unterwäsche. „Früher war es so, daß arme Leute zusahen, ihre Jungs beim Militär unterzubringen, damit diese wenigstens ein paar Schuhe an die Füße und Leibwäsche zum Wechseln bekamen", resümiert eine der Angestellten des Beschaffungsamtes. Warum aber heute, wo es keine allgemeine Not in Deutschland gibt, ein Rekrut im Schnitt mehr Unterhosen in seinem Spind stapelt als ein gleichaltriger Student oder ein Banklehrling in seinem Wäschefach, ist den Wirtschaftsbossen und den Fachleuten, die sich mit Marktforschung befassen, gleichermaßen ein Rätsel.

SO VIEL WÄSCHE BEKOMMT EIN SOLDAT

Laut Auskunft der Abteilung Beschaffung vom Bundesamt für Wehrtechnik in Koblenz werden für deutsche Rekruten, die ihren Wehrdienst ableisten, folgende Wäschestücke beschafft:
5 Stück Slips, weiß
3 Stück Hemden, ärmellos
2 Stück Hemden mit halbem Arm
3 Stück lange Unterhosen, oliv
3 Stück Unterhemden mit halblangem Arm, oliv
Die olivfarbenen Wäschestücke werden im Gelände getragen.

Die großen Wäschehäuser wie Jockey, Schiesser oder Mey entwickeln ständig neue Kollektionen, die parallel zu der „Classic"-Kollektion (bei Schiesser) angeboten werden. Aller Dilemma: Sie kommunizieren ein verändertes, wesentlich jüngeres Image. Anzeigengestaltung und Kollektionsteile wie Slips, Newsshorts, Boxershorts, Bodies oder Pants (bei den Herren) und Strings, Bustiers, Jazzpants, BH-Hemdchen, Shirtbodies (bei den Damen) sind auf ein junges, körperbewußtes, lustbetontes Publikum ausgerichtet. Gleichzeitig wäre es trotz der Weiterentwicklung unsinnig, auf die bewährte Position zu verzichten. Mit der 1949 erstmals präsentierten weißen „Doppelripp mit Eingriff rechts" macht zum Beispiel Schiesser heute noch einen wesentlichen Teil des Umsatzes.

Jung und sportlich: Sein weißes Unterhemd (Skiny von Huber)

Es gibt sie ja: die Wäschefreaks. Den jungen Mann, der Unterhosen sammelt wie andere Briefmarken. Die junge Frau, die für Dessous mehr ausgibt als für die modische Oberbekleidung. In den Fachgeschäften sind sie Stammkunden, die gelegentlich ohne bestimmten Kaufzwang (ihre Wäscheschränke sind randvoll) vorbeischauen, nur um zu sehen, ob es von ihrer Lieblingsfirma gerade etwas Neues gibt.

Einer Untersuchung zufolge sind das dieselben Leute, die auch immer einmal im Supermarkt ein Billigangebot Slips mit in die Einkaufstüte packen. Auf der anderen Seite muß es einfach Mengen von Wäsche-Ignoranten geben, denn sonst könnten sich nicht so miserable Durchschnittswerte errechnen lassen. Eine Unterorganisation der UNO, die UNDP, hat einen „Bericht über die menschliche Entwicklung 1995" ausarbeiten lassen. 174 Länder waren in die Studie einbezogen. Abgeklopft wurden Werte wie eben ganz allgemein „die menschliche Entwicklung", da landeten die Deutschen auf Platz 15. Bei der „Lebenserwartung" war die Position noch schlechter: Platz 16. Beim „Alkoholkonsum" allerdings sind die Deutschen als führend ausgewiesen mit einem 2. Platz. Und, was die Situation auf dem Wäschemarkt vielleicht verstehbarer macht, im „Sparen" behaupten wir Deutschen eine stolze Spitzenposition, Platz 1 (Zitiert nach „Der Spiegel" 34/1995).

Wo wir einkaufen gehen:

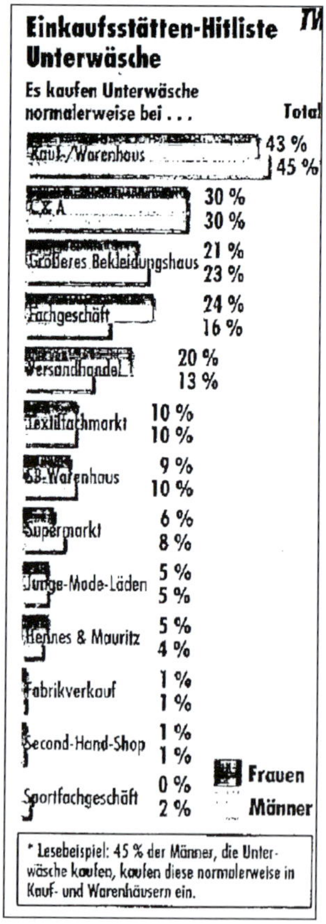

Weiß, kindlich, schön: Feiner Set für junge Frauen (von Mey)

Junge Werbung: Wäsche für ein neues Image (von Schiesser)

Klassiker: Der schwarze Unterrock mit Spitzenverzierung (von Triumph)

DIE DESSOUS DER BRAUT

DER STOFF, AUS DEM DIE TRÄUME SIND

Für den Tag der Tage: Brautkleid mit Bolero, Schleier, Handschuhe (Model LOP, aus „4ever")

Soll ich", sagt Amelia, das Kinn in die Hand gestützt, „mein Hochzeitskleid ganz aus Rosenknospenmuster machen lassen oder seitlich mit Chenille und Tüll drapiert?" Amelia stellt diese Frage in Djuna Barnes' Roman „Ryder", in dem die mondäne, elegante Schriftstellerin aus ihrer Kindheit erzählt, die sie mit vier Geschwistern, Mutter, Vater, dessen Geliebter und einer sehr verehrten, emanzipierten Großmutter verlebte. In „Ryder" packt Amelia ihre Aussteuer für die Reise nach Amerika in den neuen Überseekoffer und sagt zu ihrer Schwester Ann: „ ‚Ich werde dir jede Woche schreiben, und ich werde dir einige Indianerfedern schicken, obwohl ich der Ansicht bin', fügte sie hinzu, während sie das letzte Wäschestück aus einem Dutzend zusammenfaltete, ‚daß sie alle Heiden sind – mehr Fleisch als Flaum'. " Djuna Barnes erzählt hier in fünfzig Kapiteln die unkonventionelle Geschichte des Wendell Ryder und dessen Lust, sich ein Geschlecht seines Namens zu zeugen. Amelia, die mit ihm nach Amerika geht und ihn dort heiratet, ignoriert alle Warnungen

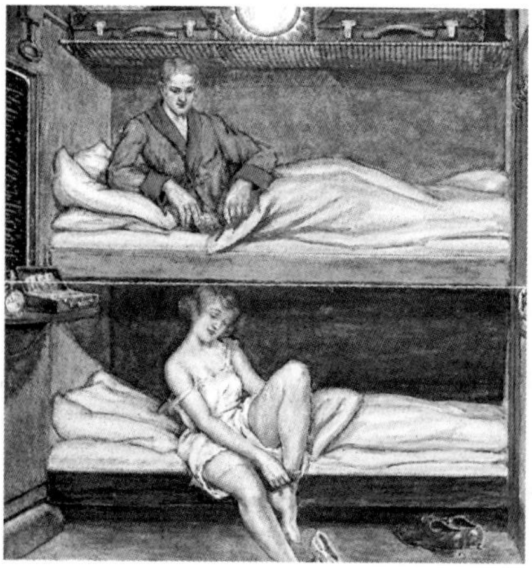

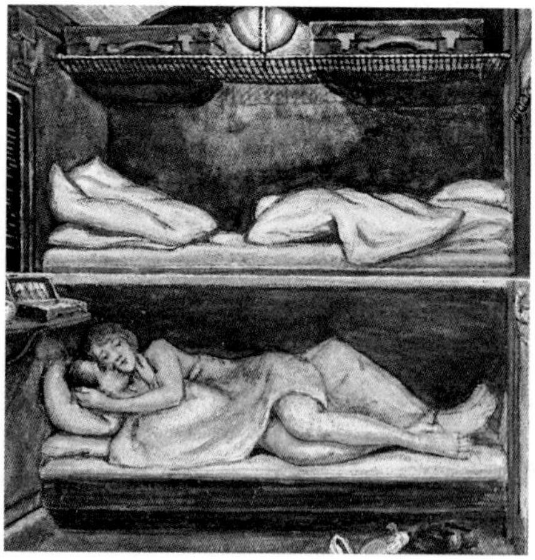

Die Hochzeitsreise: Motiv für eine Jux-Postkarte aus den Anfängen dieses Jahrhunderts. Die frischen Eheleute zeigen ihre elegante Home-und Underwear

Gute Nacht: Jetzt gibt es keine Dessous mehr zu bestaunen

Spitzen am Saum: Prinzessinnenkleid mit Ballkleidcharakter (Modell Madonna, aus „4ever")

und interessiert sich, nachdem die Hochzeit beschlossen ist, nur mehr für den Stil ihres Brautkleides, das sich, wie immer schon, als Prinzessinnenkostüm vorstellen läßt. Die Verzierungen entsprechen dem Modetrend der Zeit. Aber am Prinzip der Linie, bodenlang und ähnlich einem Ballkleid, änderte sich über die Jahrzehnte nichts.
Auch Weiß, als diejenige Farbe, die das ganze Farbspektrum in sich vereint, hat sich als Farbe der Braut, als Symbol der Unschuld gehalten. Daß als Merkmal für die Unberührtheit der Braut ein Schleier gewählt wurde, kann man bei christlichen Bräuten bis ins vierte Jahrhundert zurückverfolgen.
Ungebrochen ist nach wie vor die Faszination, die von dem „große Tag" und allem, was dazugehört, ausgeht. Die Braut wird ausstaffiert und soll so schön sein wie noch nie. Hängen in einem Dessous-Geschäft nur ein oder zwei weiße Corseletts, Strumpfbänder in Pastelltönen und hauchzarte, schmale Strumpfhaltergürtel, passend zu Slip und BH aus weißer Spitze, so kann man sicher sein, daß es sich nicht um Ladenhüter handelt. Sie gehen nicht alle Tage weg, aber wenn geheiratet wird, spielt der Preis keine Rolle, und die Unterwäsche unterm Brautkleid muß einfach ein Traum aus weißer Spitze oder Satin sein.
„Normalerweise kommen sich die jungen Frauen dumm vor, wenn sie plötzlich einen Strumpfhaltergürtel tragen sollen", sagt die Wiener Brautmoden-Designerin Edith Prandstätter. Frau Prandstätter repräsentiert bereits die zweite Generation im traditionsreichen Wiener Brautmodenhaus Harry Marry. Zusammen mit ihrem Mann verkauft sie drei unterschiedliche Braut-Kollektionen (Madonna, LOP und Roxy Line). Die Prandstätters statten unter anderem die Paare der RTL-Traumhochzeit aus. Und immer wieder erstaunt es Edith Prandstätter, wie aus coolen Jeansmädchen plötzlich, als „hätten sie eine

Klappe vor den Augen", romantische Wesen werden. 1995 besonders, denn die Mode ist zur Zeit romantisch, die klassische Linie LOP wird bevorzugt.
Die jungen Bräute sind auch bereit, sich einem alten Brauch zu fügen, der ihnen und ihrer Ehe Glück bringen soll. Sie

Die große Robe: Schmales Oberteil, bauschiger Rock (Modell Madonna, aus „4ever")

tragen drei besondere Dinge: etwas Blaues, meist ist das ein blaues Strumpfband, etwas Geborgtes, das kann zum Beispiel die Perlenkette der Großmutter oder der Tante sein, und etwas Gebrauchtes. Häufig ist das der Brautschleier der Mutter oder der Schleier einer Freundin. Wie Edith Prandstätter den Mode-Codex für die Dessous sieht: Sexy, aber nicht lärmig aufreizend. Romantisch, mit Spitzenbesatz oder ganz aus Spitze, auf jeden Fall aber in der Farbe Weiß.

Spitzen-Torselett mit Strapsen: Ein Vorschlag für die Braut (von Gossard)

Mädchenhaft & erotisch: Weiße Braut-underwear (von Triumph)

EINE BRAUTAUSSTATTUNG VON 1905

24 Taghemden, davon:
- 6 Taghemden mit Languetten*
- 6 Taghemden mit Schweizer Stickerei
- 12 Taghemden mit Stickerei und handgestickten Passen
- 12 Taghemden, elegant garniert

12 Nachthemden, davon:
- 6 Nachthemden mit Stickerei oder Languetten
- 6 Nachthemden elegant garniert

12 Nachtjacken, davon:
- 6 Nachtjacken mit Stickerei
- 6 Nachtjacken mit Languetten

28 Beinkleider, davon:
- 6 Beinkleider, Volant mit Languetten
- 6 Beinkleider mit Stickereivolant
- 6 Beinkleider, Knieform
- 12 Beinkleider elegant

3 Untertaillen mit Stickerei

14 Unterröcke, davon:
- 6 Piquée-Unterröcke
- 3 Anstandsunterröcke
- 3 Shirting-Unterröcke
- 1 Sommer-Unterrock
- 1 Winter-Unterrock

3 Frisiermäntel

1 Morgenjacke

3 Korsetts

1 Morgenrock

24 Strümpfe, davon:
- 12 wollene Strümpfe
- 12 baumwollene Strümpfe

1 Garnitur Brautwäsche

1 Paar Brautstrümpfe

*Languettenstich ist ein Schlingstich

Die Aufstellung stammt aus einer zeitgenössischen Wäsche-Zeitung und galt für eine gutbürgerliche Braut. Eine einfache Braut dieser Zeit verzichtete auf Frisier- und Morgenmantel sowie die Morgenjacke. (Zitiert nach: Junker/Stille „Die zweite Haut".)

EROTISCHE GRENZGÄNGE

DER EINFLUSS VON PORNO-SHOPS UND FETISCH-WÄSCHE AUF DESIGNER

„Sex-Spiele" lautete die Überschrift, unter der im Februar 1995 das amerikanische Frauen-Magazin „Harper's Bazaar" Kleidungsstücke der Luxusklasse vorstellte. Viele der großen Designer scheinen es sich zum Anliegen gemacht zu haben, Sado-Maso-Kleidung für die Spiele mit der Peitsche (wenn die Frau die Rolle der Domina geben soll) oder die Szene, in der sie mit Ketten gefesselt auf allen Vieren an der Leine geführt wird (in der masochistischen Opferrolle), herzustellen. Einer der berühmtesten Modefotografen, der in Frankreich lebende Deutsche Peter Lindbergh, fotografierte für „Harper´s" in Lack-, Leder- und Stretchkostümen eines der begehrtesten der derzeit amtierenden Model-Superstars: Christy Turlington. Die Couturiers in dieser Produktion sind unter anderem Gianni Versace, Jean Colonna, Karl Lagerfeld. Aus dem Haus Chanel stammen die outrierten Lackschuhe mit den sechs bis sieben Zentimeter hohen Plateausohlen.

Stretch-Korsett: Ein Modell von Gianni Versace, die hochgerollten Strümpfe sind von Calvin Klein

Die Preise, in Dollar, sind höher als man in einen Modegag investieren würde. Sie liegen zwischen 300 und 1000 Dollar. Vergleicht man diese Preise mit den Angeboten in den einschlägigen Erlebnis-Sex-Shops, muß eingeräumt werden, daß High-Heel-Pumps dort auch an die 400 Mark kosten und Plateau-Stiefelchen noch ein paar Mark mehr. Auch von der Mischung des Angebots her lassen sich Vergleiche ziehen: In Spezialgeschäften für Sado-Maso-Outfits wählt man unter etwa dreißig verschiedenen Korsetts, gefolgt von Latex-Bodies, Bustiers, verschnürbaren Gummi-, Leder-, Lack-, Hüftgürteln und Slips sowie BHs aus verschiedenen Materialien. Die obligatorische Sado-Maso-Farbe ist Schwarz. Im Porno-Shop findet man dagegen schon einige Wäschestücke in Rot und auch ganze der Brautmode ähnlich aufgemachte Dessous-Serien in weißer Spitze. Einen listigen Kompromiß bietet unter dem Label „Reaktor" ein Wäschehersteller in einem Katalog für Männer-Unterwäsche, Mec Mail Order: Es sind ein Tanga und eine Short, die aussehen, als würde der Träger darunter stark ins Schwitzen kommen, was aber die Baumwollfütterung verhindert (der Spiel-Partner sollte von dem Trick besser nichts wissen). Die Vorstellung von Körperflüssigkeit, die sich unter den anliegenden Gummiteilen ansammeln kann und das harte, beengende Gefühl, daß ein Wäschestück aus Leder verursacht, macht einen Teil des Reizes aus. Für den, der seine Macht über den Partner ausspielt wie für den, der darunter zu leiden hat. Schwarz steht für Dunkel, dunkle Triebe, Perversionen, die das Tageslicht scheuen. Schwarz ist geheimnisvoll. So verkauft Jürgen Dietzel in Berlin in seinem Geschäft „Schwarze Mode" schwarze S/M-Outfits nebst Accessoires, Peitschen, Fesseln, Latex-Bettwäsche.

*Schwarz ist die S/M-Farbe.
Sie symbolisiert Power,
vor allem gibt sie der Domina
einen Aspekt phallischer
Weiblichkeit*

Schwarz in Schwarz: Lackleder-Outfit von Jean Colonna, fotografiert von Peter Lindbergh an Christy Turlington für „Harper´s Bazaar"

Geschnürter Hüftgürtel: Aus Stretchsatin, von Gianni Versace; die Plateaupumps sind von Chanel

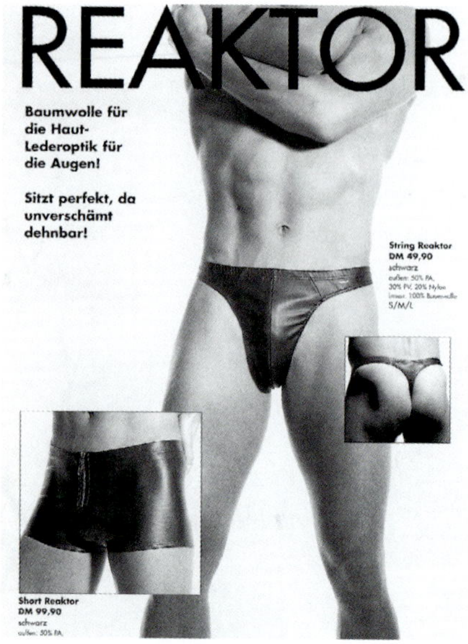

Sanfter Slip: Leder für´s Auge, Baumwolle für die Haut (aus dem Katalog von Mec Mail Order)

Daß ausgerechnet jetzt amerikanische Feministinnen den Provokations-Look propagieren, wo gleichzeitig die ewigen Puritaner vor der Gefahr warnen, in die sich derart gekleidete Frauen willentlich begeben, macht den „Mode contra Moral"-Trend ein wenig schwer verdaubar. So bemüht sich in „Harper´s" auch die Moderedakteurin Sarah Mower um einen Mittelweg, der den Designer-Stars gerecht werden und den Leserinnen des Magazins eine Wertung vermitteln soll. Mower meint: „Designer spielen mit einigen provokanten Frauen-Images. Sind allein die Gehirne der Couturiers vom Thema Sex besessen, oder ist Sex unser nationaler Zeitvertreib?" Sie meint weiter: „Was die Designer wirklich wollen, ist eine Einladung aussprechen. Ein Angebot: Daß man ausprobiert, wie es sich anfühlt, derart provokant aufzutreten. Das heißt natürlich nicht, daß man der Einladung Folge leisten muß. Es mag allerdings sein, daß das Gefühl, diese Outfits zu tragen, ebenso gut ist wie Sex zu haben. Möglicherweise ist es sogar besser."

Beim Sado-Masospiel geht es eigentlich nicht um Sex. Es geht um Macht.

Schaut man in das silbern verpackte Bilderbuch „Sex", das Pop-Star Madonna mit zahlreichen Sex-Spielgefährten, fotografiert von Steven Meisel, gestaltete, findet man eine Passage, in der Madonna, die im Sado-Maso-Teil des Buches

Domina-Dresses aus dem Sex-Shop: Etwas zahmer als von dem großen Meister Versace fallen sie aus

einmal die Domina und ein andermal die Gefesselte darstellt, die zum S/M-Spiel gehörenden Regeln ausführt: „Einige Leute mögen bestraft werden. Frauen haben das gern, Männer auch.
Der Unterschied aber zwischen Mißbrauch und Mißbrauchtwerden (im tägliche Leben) und S/M ist die Entscheidung, Verantwortung zu übernehmen. Ich unterhielt mich einmal mit einer Domina, die sagte, daß für S/M charakteristisch sei, sich von jemandem wehtun zu lassen, von dem man weiß, daß er´s normalerweise niemals tun würde. Die Partner entscheiden immer gemeinsam.
Außerdem glaube ich nicht, daß es bei S/M überhaupt unmittelbar um Sex geht. Ich denke, das Thema ist Macht. S/M kann Sexualität als Mittel benutzen, muß das aber nicht. Es ist ein Trip, der eigentlich im Kopf stattfindet."
Das ist auch das Credo des „Schwarze Wäsche"-Besitzers und gelernten Germanisten Jürgen Dietzel: „Das alles hat zu tun mit Phantasie, einem Spiel, das nie zu Ende gespielt wird. Es stehen Träume dahinter." („Schwarze Wäsche" ist ein Laden mit Sex-Utensilien der Edelklasse in Berlin.)
Also, spätestens seit Gianni Versace 1992 die erste S/M-Kollektion präsentierte und bald darauf Madonna als eigenes Modell die Hauptrolle in ihrem S/M-Bilderbuch (es bietet aber noch ein paar andere Kapitel zusätzlich) spielte, ist die Intimität der Wäsche – wenn es um sexuelle Vorlieben geht – ins Scheinwerferlicht der Medien getreten.

MIT DEN TABUS IST ES VORBEI

Im Fernsehen wird am späten Nachmittag die Dessous-Auswahl einer Pornoregisseurin vorgestellt – mit dem Augenmerk vor allem auf Strapse und Strümpfe. Im Nachtprogramm holen sich sogenannte Stino-Pärchen (Abkürzung für stinknormal) Anregungen für den Umgang mit zarten Fesseln. Das Informationsbedürfnis ist groß, denn die Leute wissen vieles, aber das meiste nur ungenau.
Beim Begriff von Reizwäsche können wir es uns leicht machen: Zu ihr zählt einfach alles, was auf einen Mann oder auf eine Frau, am besten auf beide, reizend bis aufreizend wirkt. Ob man sich sündteure

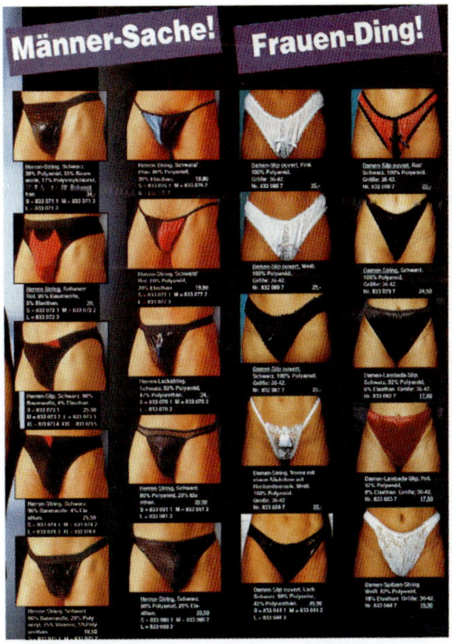

Für Unentschlossene: In Sex-Shops liegen Kataloge aus. Man kann sie mitnehmen und zu Hause eine Vorauswahl treffen

Sommerschlußverkauf: Die Anzeige nimmt die Rückseite einer TV-Wochenbeilage ein. Der TV-Konsument hat Zeit, sich an sie zu gewöhnen

Topmodelle führender Wäschehersteller kauft oder einmal querbeet das Angebot vom „Sexy Dessous"-Katalog (bekommt man in den Sex-Shops) durchsieht und seine Wahl trifft. Wer auf der Rückseite des Wochen-TV-Programms sieben Tage lang die Sommerschlußverkaufs-Anzeige mit Wäsche aus dem Angebot von Beate Uhse betrachtet hat, wird sich vielleicht aufraffen und für weniger als 13 DM einen Herzensbrecher-Slip bestellen.

Komplizierter wird es, wenn immer wieder die Begriffe S/M, Sexy-Dessous und Fetisch-Wäsche synonym gebraucht werden. Erst wenn ein Kleidungsstück allein (das kann ein Höschen, ein Hut oder irgendein ganz normales weißes Unterhemd sein) an Stelle einer Person, die das Kleidungsstück trägt, zum Objekt der Begierde wird, spricht man von Wäschefetischismus. Von Fachleuten wird dieser als krankhaft definiert.

Dagegen gilt lediglich als skurril, wenn eine Person einem noch so kuriosen Kleidungsstück rituelle Bedeutung beimißt. Kaum ein Wäschestück ist dabei so vielseitig im Einsatz wie das Korsett – und das nicht nur bei Frauen.

Noch 1914 war es ganz normal, daß sich ein fescher

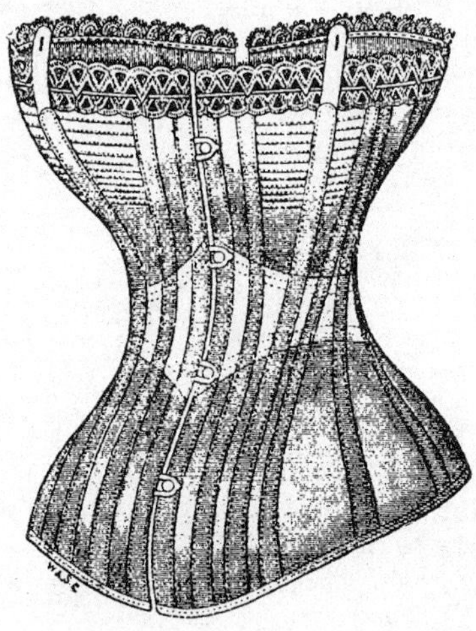

Korsett: Ein in England besonders erfolgreiches Modell, von Jäger, aus dem Jahr 1886

Leutnant eines Korsetts bediente. Er hätte sonst lange nicht eine so schneidige Figur machen können.

Es war auch unter Männern bekannt, daß, wer es gewohnt war, immerzu eingeschnürt zu gehen, zusammenfiel, wenn er die gewohnte Stütze einmal nicht anlegte. Das vielgeschmähte Utensil sorgte eben für Haltung, für Contenance, gab einem – Mann oder Frau – die Sicherheit, eine gute Figur zu machen. Noch heute sind Prominente wie der zentnerschwere Superstar Marlon Brando oder auch der ein oder andere Popstar, wenn er längere Zeit nicht auf seine Figur geachtet hat, auf ein Stützkorsett angewiesen. Zumindest für die Zeit, die sie im Scheinwerferlicht stehen.

Ohne Notwendigkeit, aber mit Inbrunst, zelebriert der englische Miederhersteller Mr. Pearl (er fertigt Korsetts für viele Stars) die Kunst, die Taille einzuschnüren. Sein Mieder hat er selbst angefertigt, und das Schnüren empfindet er als eine Art von Leibesübung. Er ist der Ansicht, daß es die Aufmerksamkeit ganz auf den Körper lenke. „Ein Korsett", sagt Mr. Pearl zu einem Redakteur des amerikanischen Magazins „Details", „zwingt dich zur Konzentration." Er denkt, daß man die Mitte mehr und mehr verschmälern kann und dabei gleichzeitig, quasi als Nebenprodukt, seinen Mittelpunkt, sein eigenes Wesen finde. Mr. Pearls Idol ist das Bild des viktorianischen Dandy. Dieser fasziniert ihn ebenso wie indische Fakire. Grund genug für Mr. Pearl, sein Korsettritual von zunächst zwei Stunden Tragezeit täglich auf mittlerweile 24 Stunden auszudehnen. Sein Kommentar klingt durchaus nicht exaltiert: „Ich denke, es wäre einfach interessant, zu einer gewissen Eleganz, zu einem ausgeprägten Stil zurückzufinden. Korsettieren ist für mich nichts weiter, als den Köper einer ästhetischen Änderung zu überantworten." Als der 34jährige den Vorsatz in die Tat umsetzte – damals war er 31 Jahre alt –, brauchte er schon gelegentlich einen Mitarbeiter, der ihm ein Fläschchen Riechsalz unter die Nase hielt, wenn er unversehens drohte, in Ohnmacht zu fallen.

Als Kind lebten Pearl und sein Bruder bei den Großeltern. Für den immer schon an Mode interessierten Buben war es ein Fest, wenn die Geschwister der Großmutter zusehen durften, wenn sie sich kämmte und zurechtmachte. Am meisten Spaß machte es ihm, wenn sie der Großmutter halfen, ihr Korsett zu schnüren.

Mister Pearl: Er schnürt sich aus Leidenschaft. Sein Mieder hat er selbst angefertigt. Er ist von Beruf Korsettmacher

DIE WÄSCHE VON HEUTE KANN FÜR DIE NÄCHSTE GENERATION ZUR FETISCHWÄSCHE WERDEN

Ein Fetisch kann als etwas sehr Familiäres angesehen werden, etwas, das Alltäglichkeiten erotisiert. Ob es hochhackige Pumps, Seidenhemdchen, Höschen oder

Nylons sind, sie stehen immer als Objekte da, die durch eine bestimmte Erinnerung sexuellen Charakter bekommen. Daß es fast immer Underwear ist, die zum Fetisch wird, bestätigt noch den familiären Kontext. Frühe Assoziationen zum Beispiel an einen Strumpfhaltergürtel und ein Objekt der Begierde (zum Beispiel die Mutter) sind später nicht mehr zu separieren. Was bleibt, ist der unwiderstehliche Reiz des Strumpfhaltergürtels. Das gleiche mag mit einem

simplen Ledergürtel geschehen. Der Vater, ein Onkel, der große Cousin mögen ihn getragen haben, als der Fetischist ein kleines Kind war. Als Erwachsener ist die bestimmte Person und deren Verknüpfung mit dem Gürtel in Vergessenheit geraten.

Was bleibt, ist der Reiz. Und der wird, so sehen es zumindest Fachleute, dann bedenklich, wenn die „Teilanziehung", wie man den Fetischismus auch nennt, ganz von der Gesamtvorstellung losgelöst wird, wenn also ein Kleidungsstück allein, ohne den dazugehörenden Träger, geliebt wird. In der „Sittengeschichte des Intimen" wird zum Thema Fetisch angemerkt: „Auffallend ist, daß fast immer ein Mann der Fetischist ist und der Fetisch stets dem Weibe zugehört. Das hat vornehmlich seinen Grund in der sexuell aggressiven Art des Mannes, der durch die Kleidung angelockt wird, während er selbst den ihm gebührenden Kult zu allen Zeiten durch den Phallus allein, sowie durch die Äußerung seiner Kraft gesichert hat."

Verallgemeinern läßt sich, daß die Fetische einer Generation die Alltagskleidung der vorangehenden Generation reflektieren. Das heißt: Demnächst werden Jeans, kurze Tops, Ultrabras, Jeansjacken und Calvin Kleins Unterhosen das Fetisch-Inventar sein. Es sei denn, die Frauen folgen der Animation der Designer und besorgen sich die Lack- und Lederoutfits, oder zumindest die lackglänzende Garnitur mit BH und Slip, die auf der Anzeige von Cesare Paciotti zu bewundern ist.

Fetisch Cowboyhut und Jeans-Jacke: recht unhandlich als Objekt der Begierde

FILMHITS, DIE MODE MACHTEN

KORSETT UND STRAPSE ALS POWER-DRESS

„Ich bin von Kopf bis Fuß auf Liebe eingestellt..." singt Marlene Dietrich und zeigt viel Bein

Als Marlene Dietrich 1929, nach 17 unbedeutenden Filmen, schließlich die Lola-Lola im „Blauen Engel" spielte, schrieb sie Filmgeschichte. Als sie im Jahr darauf nach Hollywood ging, geriet sie in einen fast hysterischen Sog: Newcomer wurden nur akzeptiert, wenn sie der göttlichen Greta Garbo glichen. Diese war der Verkaufs-Hit an den Kinokassen. Die Dietrich kreierte ihre eigene Garbo-Version.

Mit hochgeschwungen dünnen Brauen, übergroßen Augen, schweren Augenlidern und schmalen Wangen stellte sie in ihrem ersten Hollywood-Film „Morocco" (der deutsche Titel lautete „Herzen in Flammen") erneut eine Nachtclubsängerin dar. Damit war der Typ Vamp erschaffen. Laut dem Merriam-Webster Dictionary ist das „eine Frau, die ihren Charme und ihre Reize dazu benutzt, Männer zu verführen und auszunutzen." Aber die Dietrich spielt einen Vamp mit Herz, eine Frau jenseits der bürgerlichen Normen. Ihr Motto könnte sie selbst besingen: Sie kann halt lieben nur – und sonst gar nichts.

Der später so umschwärmte Weltstar Marlene war im Leben wie dieser Vamp. Konventionen kümmerten sie nicht.

Billy Wilder, Wien-Emigrant und in Hollywood einer der erfolgreichsten Filmregisseure des Jahrhunderts, drehte mit ihr zum Beispiel „Zeugin der Anklage". Über viele Jahre war er eng mit der Dietrich befreundet. Erst kürzlich erzählte er in einem Interview voller Respekt von ihr. So wie die Nachtclubsängerin in „Morocco" ihren reichen Gönner verläßt und in der Schlußszene des Films die hochhackigen Schuhe abstreift, um ihrem Legionärsliebsten in die Wüste zu folgen, so sei Marlene im wirklichen Leben auch gewesen. Kurioserweise konnte sich Wilder, der als Zyniker bekannt und als Regisseur solcher Stars wie Marilyn Monroe, Audrey Hepburn, Shirley MacLaine nicht gerade unerfahren war mit Ausnahmefrauen, nicht recht beruhigen über einen anderen Aspekt des Vamps Marlene: Sie beliebte nämlich bei einer Party in Wilders Haus die Gäste zu schockieren, indem sie darauf hinwies, daß sie Frauen im Prinzip um einiges sexier fände als Männer. Laut seufzend gedachte sie ihrer Berliner Freundin (Geliebten?) Claire Waldoff, einer populären Diseuse im Berlin der 20er Jahre. Wilders Gäste waren not amused.

ES GIBT EINEN NEUEN TYP FRAU: DEN VAMP

Von dem Etikett „Vamp" hätte sich die Dietrich ganz gern ab und zu gelöst. Aber von ihrem „Power-Dress", wie ihre Korselett-Straps-und-Strümpfe-Garderobe heutzutage genannt wird, distanzierte sie sich nie. Madonna, deren Power-Garderobe auf der Bühne und in Videos dem der großen Marlene gleicht, benutzt den Bühnen-Look auch für ihr ganz privates Sexgöttinnen-Image. So referiert sie: „Bei Männern ist es immer gut, so zu tun, als wäre man schwer zu kriegen ... Und alle fahren auf Strapse ab. Du ziehst also ein Kleid an, drunter trägst du einen Strumpfhaltergürtel und Strapse. Du läßt ihn nicht an dich ran, aber zu irgendeinem Zeitpunkt zeigst du, daß du selbstverständlich Strapse trägst."

Das Korsett hatte zu dieser Zeit als Folterwerkzeug, von dem geschrieben werden konnte, „es gibt Familien, wo aus vielen Kindern das schönste vorgezogen und als einziges geschnürt und dadurch schließlich auch als einziges bucklig wird ...", fast ausgedient. Marlene Dietrich schrieb auch Modegeschichte.

Unten links: Ein Korselett aus der Kollektion 1994 von La Perla, zu haben in den Farben Weiß, Schwarz, Altrosa, Natur

Sophia Loren in „Die Millionärin". Das Korsett war eine Spezialanfertigung. Es ist im Rücken geschnürt und besteht zum Teil aus Leder

Liza Minellis lasziver Show-Dress in „Cabaret" fand viele junge Nachahmerinnen

Das schwarze Korselett, erhältlich in jedem großen Wäschegeschäft und in gut sortierten Kaufhäusern, ist von Triumph

Dietrichs Originalkleider und -kostüme wurden zum 100jährigen Kinojubiläum im Berliner Martin-Gropius-Bau präsentiert. Sie waren neben zeitgenössischer Armani-Mode zu sehen, und Meister Giorgio Armani zeigte sich berührt von ihrer Modernität: „Viele der Outfits, die sie trug, hätten auch von mir sein können." Biographen berichten zwar, daß ihr androgyner Auftritt im Smoking vom Leib-Regisseur Josef von Sternberg und dem befreundeten Kostümdesigner Travis Benton stammte und bewußt forciert wurde. Trotzdem, Marlene im klassischen Trenchcoat, im Hosenanzug und im hautengen Glitzerkleid, das sind für jeden von uns wie für Meister Armani „Bilder einer Frau mit modischem Pioniergeist".

AUSGEZOGEN UND DABEI AUSGESPROCHEN ANGEZOGEN: DIE STARS IM KORSETT

Sophia Loren in „Die Millionärin" und Liza Minelli in „Cabaret" paraphrasieren das schwarze Korsett mit Strapsen und Strümpfen. Sie geben vor, nichts zu zeigen. Gleichzeitig fällt ihr Körper, übermäßig betont durch den Korsett-Look, unübersehbar ins Auge.
Ungerührt präsentierte sich Uschi Glas auf der Polizeiwache im 1967 gedrehten Schwabinger Kultfilm „Zur Sache Schätzchen" der Regisseurin May Spils. Damals,

so berichtete Uschi Glas, hatte die Regisseurin Spils geplant, Uschi „oben ohne" dastehen zu lassen. Diese Idee behagte dem „Schätzchen" nicht. Es machte sich auf die Suche nach einer Miedernäherin und wurde nach zermürbendem Suchen fündig, ohne eigens nach Paris fahren zu müssen, wo seit 1889 die Frauen der Dynastie Cadolle ein feines Corsetterie-Maßatelier betreiben.
Uschi Glas im weißen Korselett wurde schnell zum „Schätzchen der Nation". Die Jeansgeneration erwärmte sich plötzlich wieder für Dessous. Man trug sie in den nächsten Jahren unter Jeans und überweiten Männerhemden.

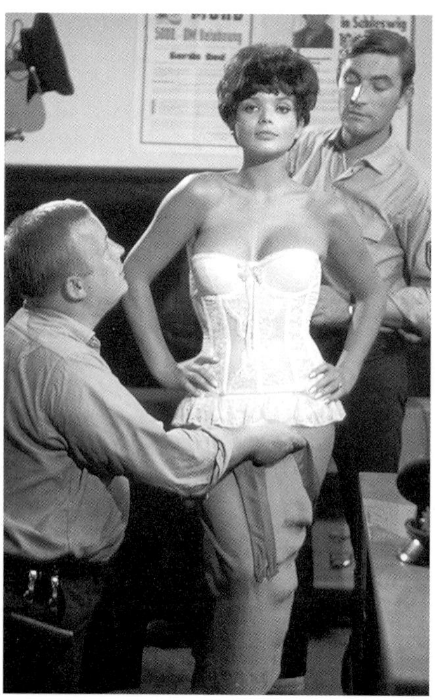

Uschi Glas und Werner Enke in „Zur Sache, Schätzchen" waren das Ereignis 1967. Uschi ohne Bluse eine Sensation

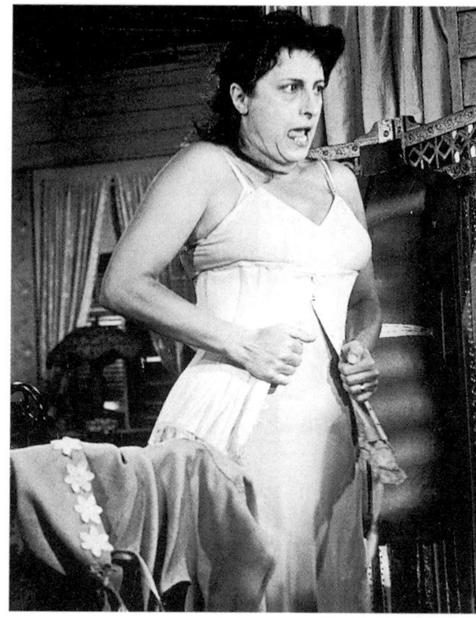

Schafft sie es, schafft sie es nicht, das Korsett zu schließen? Sie schafft es nicht. Anna Magnani in „Die tätowierte Rose" nach dem Bühnenstück von Tennessee Williams

Über die „schickliche" Art, sich ins Korsett zu zwängen, mokiert sich der amerikanische Dramatiker Tennessee Williams. Anna Magnani, italienische Vollblutmimin, der er die Hauptrolle in seinem Stück „Die tätowierte Rose" auf den Leib schrieb, spielt Serafina Delle Rose, eine Schneiderin. Eine leidenschaftliche Liebe verbindet sie mit ihrem Mann Rosario, auf dessen Brust eine Rose eintätowiert ist. Nach dem Tod Rosarios läßt Serafina ihr Geschäft und ihr Äußeres verkommen und widersteht in starrsinniger Treue zu dem Verstorbenen allen Bewerbern. Bis schließlich doch noch alles anders kommt.
Wie in Tennessee Williams' anderen Erfolgsstücken („Die Katze auf dem heißen Blechdach", „Endstation Sehnsucht" zum Beispiel) spielt auch hier die Wäsche eine bemerkenswerte Rolle. Williams siedelt seine Stücke fast immer in den Südstaaten an. Das schwüle Klima zwingt die

Menschen, sich halbbekleidet in ihren Küchen und Vorgärten aufzuhalten. Sie diskutieren, schwadronieren, bekriegen sich, während sie im Unterhemd oder im Negligé auf und ab gehen. In den vordergründig melodramatischen, gelegentlich sensationslüstern anmutenden Stücken (auch der Film „Baby Doll" geht auf Einakter von Tennessee Williams zurück) geht es immer um Illusionen, um Liebe, um Gewalt. Jedenfalls, Anna Magnani erhielt 1955 einen Oscar für ihre Darstellung der Serafina. Kein Magnani-Fan vergißt die Szene, wie Serafina, neu verliebt und in die Breite gegangen, vergeblich versucht, sich in ihr altes Korsett zu zwängen. Wie in den meisten seiner Stücke predigt Williams die heilende, fast heilige Kraft der körperlichen Liebe, hier ausnahmsweise mit Happy-End.

Brigitte Bardot löst im Film den Typus des „erwachsenen", berechnenden Vamp ab: Ihre Erotik ist naiv, verspielt, natürlich, kindlich. Auch wenn sie die Verführerin spielt

ABONNIERT AUF STRAPSE UND STRÜMPFE: DIE FEMME FATALE

Die Femme fatale bekommt vom Merriam-Webster weniger berechnende Eigenschaften zugeschrieben. Im Vergleich zum klassischen Vamp ist sie einfach eine verführerische Frau, eine Sirene. Den Vorurteilen der letzten 100 Jahre zufolge kommt dieser Typus Frau unter den Französinnen besonders häufig vor, da, so einer der unerschütterlichsten Glaubenssätze, die Französinnen „toujours l´amour" im Kopf haben. Die obligatorischen Kleidungsstücke einer Femme fatale sind, zumindest im Kino, Strapse und Nylons. Denn, will man eine verführerische Situation in die Länge ziehen und anschaulich machen, bietet es sich an, einer erfahrenen Frau (eine andere bringt das nicht fertig!) dabei zuzusehen, wie sie langsam, ganz langsam ihre Strümpfe vom Strumpfhalter löst, die makellosen Beine entlang herunterrollt und sie dann mit einem kleinen Kick über den Fuß schnippt und entweder auf einen bereitstehenden Stuhl segeln läßt oder ihrem Anbeter kokett vor die Füße wirft.

Brigitte Bardot verstand sich auf dieses Ritual ebenso wie Jeanne Moreau und Anouk Aimée. Nicht umsonst läßt die amerikanische Mode-Königin Donna Karan Anouk

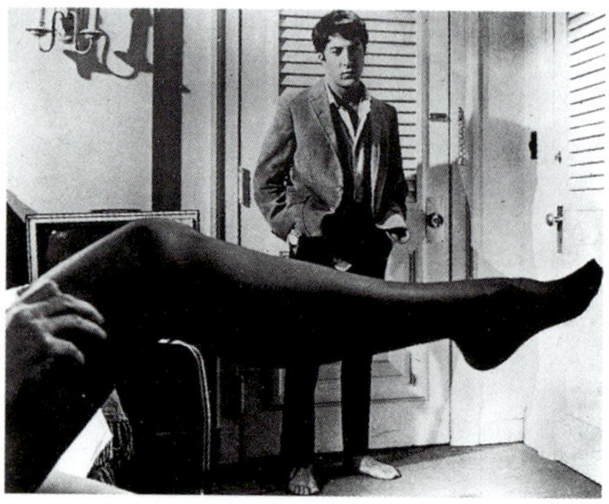

Aimée für einen Fotografen von heute (Herb Ritts) wie auf einem früheren Bild ihrer selbst auf einer Donna-Karan-Anzeige erscheinen. Assoziiert wird Leinwand-Glamour mit dem besonderen Flair der französischen Verführerin. Großes Kino von einst = große Mode von heute. So einfach ist das. In dem Hollywoodfilm „Die Reifeprüfung" zelebriert Anne Bancroft die Kunst des Verführens. Typisch für den Set mit Strapsen und Strümpfen: Eine reife Frau bringt vorübergehend einen sehr jungen Mann um den Verstand, und so auch Anne Bancroft den Freund ihrer Tochter, gespielt von Dustin Hoffman (1968).

EINE RARITÄT: DAS NEGLIGÉ

Es ist zart, duftig, oft transparent. Als Überwurf-Mantel wird es passend zum Nachthemd angeboten – und äußerst selten gekauft. Damen von Welt tragen es. Aber man sieht es nie. Denn, das Negligé trägt man in den Zeiten zwischen Aufstehen und Frühstück. Oder am Nachmittag, bevor oder während man sich für den Empfang am Abend vorbereitet. Öffentlich wird das Negligé fast nur in verfänglichen Situationen vorgeführt. Und das wieder nur auf der Bühne und im Film. Die Edelnutte Marguerite („Die Kameliendame", „La Traviata") trägt es fast ununterbrochen in ihrem Boudoir und während ihres langsamen Sterbens.

Dustin Hoffman kommt 1967 ins Schleudern, als die Mutter seiner Freundin ihn im Hotelzimmer verführt

Anne Bancroft ist die Verführerin. Ganz in Schwarz gehalten sind ihre Dessous

Sean Young, in „No way out", in Verführerpose und Traumnegligé

Artikel Nr. 575 54 und 585 47 von Bleyle. Vorgeführt von der Filmschauspielerin Iris Berben

Die seidenen Morgenmäntel und Pyjamas, die die in Asien lebende Amerikanerin Mrs. Christofferson einmal im Jahr in Deutschland vorführt, heißen als Serie „Cocoon". Sie sind, wie ihr Name andeutet, der ideale Outfit für den Rückzug ins eigene Heim. Die Teile der Kollektion „Cocoon" gehen fast nur an Schauspielerinnen weg, erzählt eine Frau, die schöne Wäsche verkauft und schätzt.

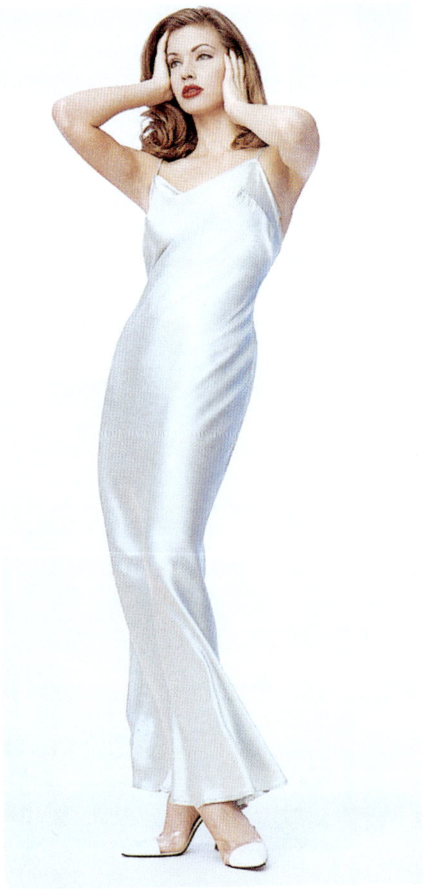

Dem Schnitt nach ist das Gebilde auf dieser Anzeige (aus Harper´s Bazaar) ein Unterkleid oder ein Nachthemd. Den Schuhen nach könnte es ein Kleid sein

Kopfschüttelnd steht sie dem Kaufverhalten der Deutschen gegenüber: „Sie exklusivieren sich nicht. Sie heben sich nicht aufs Podest. Sie schrecken davor zurück, daß sie einen seidenen Pyjama und das dazugehörige Negligé ein paar Stunden mit Feinwaschmittel in der Badewanne einweichen und dann herauswaschen müssen!"
Iris Berben, laut Umfrage die von den meisten deutschen Männern begehrte Frau, posiert – wie es scheint folgerichtig – in einem überformatigen Wäschekatalog der Firma Bleyle. Was sie trägt? Ein duftiges Nachthemd nebst Negligé.
Die Männer bekommen als Notgeschenk (SSS gleich Schlafanzug, Socken, Schlips) einen Pyjama unter den Weihnachtsbaum gelegt. Dabei hatte, nach-

dem Clark Gable 1934 im Erfolgsfilm „It happened one night" im Pyjama, nicht im Nachthemd schlief, dieses Stück Nachtwäsche einen ungeheuren Aufschwung erlebt. Der dem Schlafrock ähnliche Morgenrock für Herren, der "Dressing-gown", wird aus Foulardseide mit oder ohne Reverskragen angeboten und mit einem Gürtel aus gleichem Stoff geschlossen. Der Gentleman-Dichter Noel Coward erspielte sich im seidenen Morgenmantel mit Schalkragen in seinem eigenen Stück „The Vortex" einen durchschlagenden Erfolg. Um den Bestand seiner Dressing-gowns mußte er sich fortan keine Sorgen mehr machen: Die Wäschehersteller schenkten ihm ihre schönsten Stücke.

DIE KATZE IM UNTERKLEID

Der Unterrock, das Unterkleid, ärmellos und einem Etuikleid ähnlich geschnitten, hat eine Ahnengalerie, die bis zu den alten Griechen zurückzuverfolgen ist. Im Augenblick fristet es ein zwar luxuriöses, aber zurückgezogenes Nischendasein. Kleider und Röcke sind meist gefüttert.

Claudette Colbert und Clark Gable sind die Stars in Frank Capras „Es geschah in einer Nacht". Clark Gable wurde mit dem Film zum Star, Claudette Colbert gewann einen „Oscar". Gables Pyjama machte Modeschule. Ab da fand es jeder normal, sich den Pyjama zu teilen. Wie später Rock Hudson und Doris Day in „Ein Pyjama für zwei"

Pyjamas von Männern, für Männer und Frauen. Die Präsenz dieses Wäschestückes ist enorm (hier ein Modell von Edition Götz)

Paul Newman interessiert sich in Tennessee Williams Drama „Die Katze auf dem heißen Blechdach" nur für Whiskey. Liz Taylor als Katze räkelt sich die meiste Zeit auf dem ehelichen Messingbett. Ihr Unterrock verleiht ihr eine Traumfigur

„Das Mädchen Irma La Douce" mit Shirley MacLaine und Jack Lemmon zeigt MacLaine als Hure mit Herz und Happy-End. Ihre Dessous gaben den Anstoß für den Markennamen einer Lingeriefirma: Irma La Douce

Man braucht nicht zwingend ein „Darunter". Trotzdem gibt es exklusive Stücke, ein tiefrotes Teil von La Perla mit Spaghettiträgern, ein neues Modell von Calvin Klein, das eine Variation des „Katze auf dem heißen Blechdach"-Look ist. Meist trägt man ein exklusives Unterkleid statt eines Top, indem es etwa unter einem Kostüm getragen wird und die Bluse ersetzt.

Unterröcke wurden damals gut verkauft. Der Film lief 1958 an, der Unterrock-

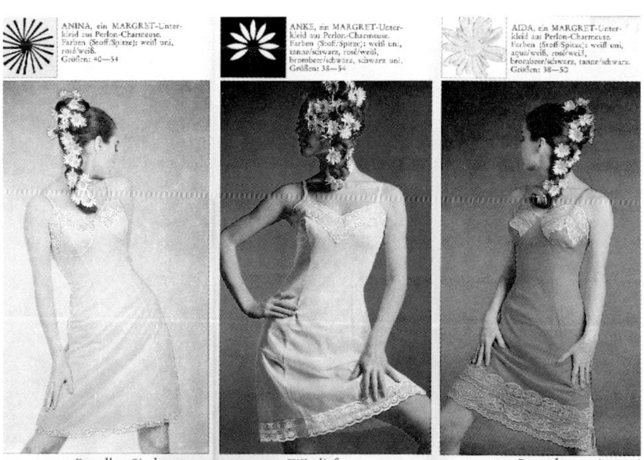

Prospekt von Margret in Margretshausen entsprach dem Stil der Zeit

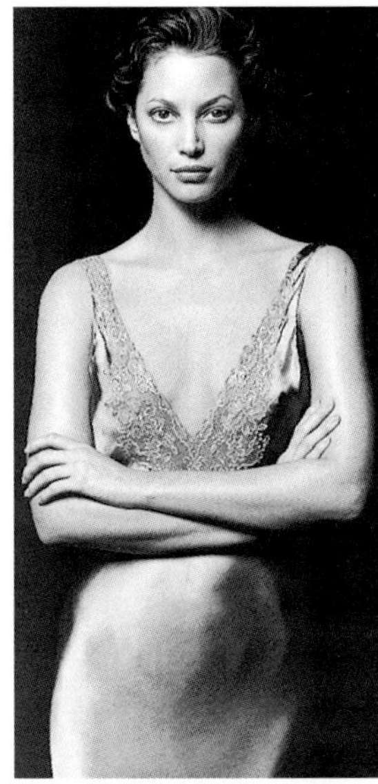

Schön, klassisch, sexy: Neueste Anzeige von Calvin Klein. Starmodel Christy Turlington im Unterkleid

1984 dreht Kim Basinger den Softporno „9 1/2 Wochen" mit Mickey Rourke. Der Filmhit führte zu einer Massenproduktion von Kims Unterkleid

MYTHOS KINDFRAU

„Der wahrscheinlich schmutzigste amerikanische Film, der je öffentlich gezeigt wurde.“ So oder ähnlich begannen die Verrisse des 1956 erschienenen Elia-Kazan-Streifens „Baby Doll“. Die Verrisse machten den Film schnell zum Kassenschlager. Das Nachtgewand aus Perlonhemdchen und Pumphöschen der Kindfrau, gespielt von Caroll Baker, wurde zum meistgekauften Nachthemdchen und Teenie-Negligé der nächsten Jahre.

DAS TOP DES MACHO

Marlon Brando im verschwitzten T-Shirt oder U-Shirt, übellaunig, brutal, attraktiv: In „Endstation Sehnsucht“, der Elia-Kazan-Verfilmung des Tennessee-Williams-Stückes, spielt Brando, der heute wegen seiner 170 kg ein Korsett beim Filmen tragen muß, Stanley Kowalski. Er ist mit Stella verheiratet, die verarmt ist, aber aus besseren Verhältnissen kommt. Deren Schwester Blanche flüchtet zu dem Paar. Sie träumt, sie trinkt, sie will privilegiert bleiben, sie will nicht altern. Zwischen ihren An- und Ausziehritualen, ihrem Waschzwang, den unzähligen weißen Gewändern und Kowalskis wachsender Aggression im ewig gleichen Hose-, Gürtel-, T-Shirt-Outfit bewegt sich das Stück bis hin zur Vergewaltigung Blanches durch Kowalski. Brando, wie im Film „Der Wilde“ als Motorrad-Rocker eine Art Anti-Held, verhilft dem T-Shirt zu Weltruhm. Heute geht das simple weiße Ding ungefähr zehnmilliardenmal im Jahr über die Ladentische.

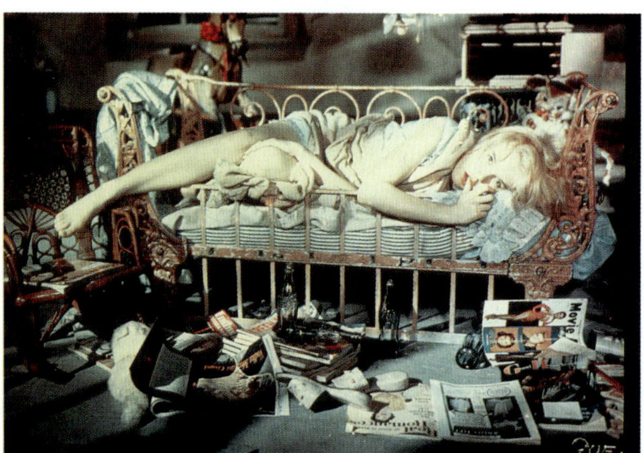

Ein unbekanntes Modell aus der Zeit des „Baby Doll“

Rechts oben: Die Wäsche spielt eine entscheidende Rolle in Tennessee Williams' „Endstation Sehnsucht“. Brando immer im verschwitzten U-oder T-Shirt. Vivien Leigh im kostbaren Negligé

Rechts mitte: Marlon Brando wurde von Truman Capote so beschrieben: „Der Mann mit dem Körper eines Gewichthebers und dem reinen, freundlichen Gesicht.“ Die Rolle und das T-Shirt aus „Der Wilde“ wurden Legende

Caroll Baker räkelt sich im Baby-Doll-Gewand im Kinderbettchen. Helena Christensen im Seidenmantel von Palmers – die Szene ist vom Film inspiriert

Es ist, obwohl nichts weiter als ein Unterhemd, zum Design-Objekt, zur Plakatfläche für politische Sprüche, zum All-Over-Nachthemd, zum Unisex-Kleidungsstück geworden.

1951 kam „Endstation Sehnsucht" in die Kinos und begründete Brandos Weltruhm. 1953 bot „Der Wilde" Teenagern außer dem T-Shirt noch den coolen Leder-Outfit als Identifikationsvorlage. Die Elterngeneration war derart erbost über den angeblich zersetzenden Einfluß des Films auf die Jugend, daß es zumindest in England gelang, den Streifen bis 1968 auf den Index zu setzen. Das Kult-Shirt, ursprünglich und bis heute Bestandteil der Ausrüstung amerikanischer Soldaten, ist, wenn das Uniformhemd offen steht, direkt am Hals anliegend sichtbar. Es ist Bestandteil der Uniform.

Daß es Kampfgeist symbolisiert, spürt man, wenn Sigourney Weaver in „Alien" als mutige Weltraumoffizierin Ripley für Science-fiction-Thrill sorgt. Sie ist ein guter Kämpfer – allerdings manchem Macho nicht geheuer.

Daß die Filmrollen, gute oder böse Charaktere, dem mittlerweile zum Kultobjekt avancierten Kleidungsstück noch immer mehr Fans erschließen, liegt mit an seiner Wandlungsfähigkeit. Es ist anders, wenn es aus Seide ist und nicht aus Baumwolle. Es signalisiert Coolness, wenn Giorgio Armani es aus Leinen zuschneiden läßt. Es ist geschrumpft auf ein Mini-Shirt, wenn Gaultier es aus Baumwolle-Lycra-Gemisch und nabelfrei vorstellt. Dabei spielt es keine Rolle, ob die Geschichte davon, wie das T-Shirt zum T-Shirt wurde, stimmt oder nur Legende ist. Sie ist hübsch: Die Englische Marine soll ihren Matrosen angeblich befohlen haben, kurze Ärmelchen an ihre Unterhemden zu nähen, damit nicht etwa Achselhaare sichtbar und damit Gefühle des Anstands verletzt werden könnten. So wurden aus Unterhemden Tank-Tops, so benannt nach der Form des Großbuchstaben T.

In allen drei „Alien"-Filmen ist Sigourney Weaver Ripley. Am Ende steht sie dem Monster ganz allein gegenüber. Ihr Unterhemd-Outfit machte Mädchen-Mode

DER STOFF AUF UNSERER HAUT

NATURFASERN & CHEMIE

King Cotton" oder „Weißes Gold" wird die Baumwolle genannt. Rund 18 Millionen Tonnen Baumwolle werden jährlich geerntet, sie wird in 80 Ländern der Erde angebaut, von ihr leben 180 Millionen Menschen. Die Textilindustrie wäre ohne sie nicht denkbar. Der britische Historiker Hobsbawm sagt über sie: „Wer industrielle Revolution sagt, meint Baumwolle". Auch wir als Kunden verneigen uns vor „King Cotton". Weitaus der größte Anteil aller verkauften Wäscheteile ist weiß wie die Samenhaare des im subtropischen und tropischen Klima gedeihenden Baumwollstrauches. Die Eigenschaften des Garns und später des Gewebes, das aus der Baumwollfaser erzeugt wird, klingen altvertraut. Wo das Siegel „100 Prozent Baumwolle" angebracht ist, ist der Stoff saugfähig, luftdurchlässig, kochfest und damit hygienisch.

Die Hälfte aller insgesamt verwendeten Fasern sind Natur. 40 Prozent pflanzlicher, 10 Prozent tierischer Herkunft. Die andere Hälfte machen die Chemiefasern aus, 40 Prozent davon sind synthetischer Art, 10 Prozent aus Zellulose gefertigt

Der Baumwollstrauch ist ein Malvengewächs, von dem es heute mehr als dreißig Sorten gibt, unter anderem alte indianische Sorten in Amerika, die eine eigene Farbe besitzen. Man experimentiert auch mit Farbzüchtungen, um Färbeprozesse einzuschränken. Das Wesentlichste an der Naturfaser mit den weichen, wattigen Samenhaaren ist die Länge der Samenhaare, die bis auf fünf Zentimeter heranwachsen. Nach dem Verblühen bilden sich auf dem Baumwollstrauch walnußgroße Fruchtkapseln. Zur Reifezeit springen diese Kapseln auf, und die herausquellenden Samenhaare – die Baumwolle – werden gepflückt.

Allen Baumwollarten bekommt es, wenn sie einen „trockenen Kopf" und „nasse Füße" haben. Sie brauchen also ausreichend Feuchtigkeit und sehr viel Sonne. Kälteeinbrüche gelten als bedrohlich, 200 frostfreie Tage im Jahr und ein nahrhafter Boden sind für das Gedeihen

„King Cotton" liefert das Material: Blütenweiße Baumwollwäsche (feine Wäsche, von Mey)

guter Baumwolle unerläßlich. Es braucht fünf bis sechs Monate, bis die Samenkapseln der Pflanze reif sind, aufplatzen und die schneeweißen Fasern sichtbar werden. Während dieser Zeit haben die Baumwollbauern die lästige Pflicht des ständigen Unkrautjätens. Die wirkliche Knochenarbeit steht ihnen da aber noch bevor: Das Pflücken, das sich meist über zwei Monate hinzieht, weil nicht alle Pflanzen gleichzeitig reif werden. Ein Kriterium für Qualitätsbaumwolle ist, daß sie möglichst wenig Verunreinigungen durch schlecht entwickelte, tote oder unreife Fasern aufweist. Deshalb ist auch heute noch, trotz aller Technik, die einzige Garantie für hochwertige Fasern, daß die Baumwollkapseln nur von Hand gepflückt und anschließend verlesen werden. Nur so können ausschließlich vollreife Kapseln gesammelt und zur Weiterverarbeitung bereitgestellt werden.

Die Angst vor Pestiziden auf der Haut ist nicht ganz unbegründet. Sie stecken manchmal noch im versponnenen, verarbeiteten Gewebe. Es gilt daher von Öko-Experten die Empfehlung: Baumwollwäsche vor dem ersten Tragen waschen, bei Kinderwäsche mehrmals vorwaschen. Eventuelle Rückstände werden mit jedem Waschen weniger.

Vorindustriell produzierter Baumwollstoff war sehr arbeitsintensiv. Um ein Pfund Baumwollgarn zu erhalten, waren vor 1770 (damals nahm die erste Spinnerei im englischen Nottingham ihren Betrieb auf) zwölf volle Arbeitstage notwendig. Ein Teil der Arbeit bestand darin, die Kerne von den Samenhaaren zu entfernen, die Fasern zu säubern, zu kämmen und dann zu pressen. Schließlich wurden sie versponnen. Billiger waren schon damals Importe aus Indien. Am Preisgefälle zwischen den Dritte-Welt-Ländern und dem Westen hat sich im Prinzip nichts geändert. In Verruf gekommen sind wir als kapitalistische Ausbeuter aber während der letzten zehn, fünfzehn Jahre vor allem wegen der Anwendung von Pestiziden, die vom Hubschrauber aus großflächig über Anbaugebiete versprüht werden und damit nicht nur die Baumwollsträucher, sondern auch die Menschen, die in den Pflanzungen und in der weiteren Umgebung arbeiten, mit den aggressiven Chemikalien „versorgen". 150 000 Tonnen Pflanzenschutzmittel werden beim Baumwollanbau jedes Jahr verbraucht. Studien der Weltgesundheitsorganisation (WHO) zufolge sind in Mexiko, El Salvador, Nicaragua, Guatemala und Kolumbien pro Jahr mehr als 500 000 Menschen aufgrund der Pestizidanwendung an schleichenden Vergiftungen erkrankt. 10 000 Todesfälle werden auf die Pestizid-Bomber zurückgeführt. Es gibt ein Pestizid-Aktions-Netzwerk (PAN), das sich die Bekämpfung dieser Mißstände zum Ziel gesetzt hat.

Daß es uns mit dem im Gewebe möglicherweise verbleibenden Rest, der selbst nach unzähligen Verarbeitungsschritten (der größte Teil der Gifte landet im Abwasser und verursacht dort Entsorgungsprobleme) noch übrigbleiben kann, an die Gesundheit geht, ist nur in ganz geringem Ausmaß denkbar. Manchmal kann ein Zusammenhang zwischen Pestizid und Hautreizung angenommen werden. Unklar bleibt dann aber, ob es sich bei der Reaktion um die Antwort auf zu hartes Wasser, auf eine bestimmte Substanz im Waschmittel oder auf den Genuß bestimmter Lebensmittel handelt.

DIE BAUMWOLLE – EIN EXPLOSIVER STOFF!

Weil 1845 einem schwäbischen Universitätsprofessor der Kachelofen explodierte, in dem er in Schwefel- und Salpetersäure getränkte Baumwolle hatte trocknen wollen, wurde sowohl die Schießbaumwolle entdeckt wie auch die Tatsache, daß das kostbare „weiße Gold" aus Zellulose-Fasern besteht. Nach dieser Erkenntnis wurde es relativ einfach, zellulosische Fasern auch aus Abfällen von Baumwolle und Leinentextilien und aus Baumstämmen von Kiefern herzustellen. Da die Baumwolle im Grunde nichts anderes als eine Spezialform der Zellulose ist (chemisch gesehen ist das ein Kohlehydrat aus der Gruppe der Polysaccharide, also eigentlich ein Zucker), versuchten findige Chemiker, aus Zellulose verspinnbare Fasern zu machen. Mit Erfolg. Heute produziert ein einziges Chemiefaserwerk jeden Tag 150 Tonnen Fasern. Zunächst war es um den Preisdrückeffekt gegangen, denn die Preise für Baumwolle kletterten an der Börse ins Unerschwingliche. Jetzt geht es auch um die Raffinesse, die mit chemisch erzeugten Fasern herstellbar ist. Viskose oder auch Viskose-Filament ist zum Beispiel ein Begriff für die aus Holz und anderen Pflanzen gewonnene und auf chemischem Weg hergestellte Textilie.

- **1,1 Milliarden Schafe weltweit liefern die wichtigste tierische Faser: Schafwolle**
- **Die beste Wollqualität liefern die Merino-Schafe, deren Fell vollständig aus feiner, stark gekräuselter Unterwolle besteht. Ein Merinoschaf liefert pro Jahr 6 bis 8 kg Schurwolle**
- **Woll-Lieferanten sind auch das Alpaka, die Kaschmirziege, die Mohairziege und das Angorakaninchen**
- **Die Raupen des Maulbeerspinners, das ist ein Nachtfalter, produzieren pro Tierchen einen rund 3000 Meter langen, endlosen Seidenfaden. Die inneren 500 bis 900 Meter sind für die textile Verarbeitung zum kostbaren Seidenstoff verwendbar**

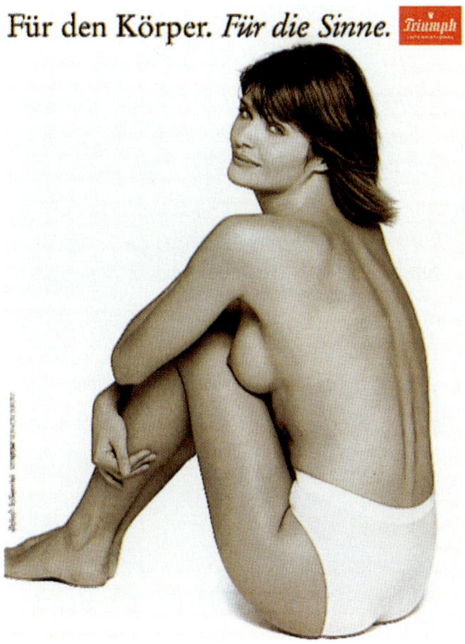

An den Rand geschrieben: hier wirbt der Chemiefaserproduzent mit (Taillenmini von Triumph, in „Cosmopolitan")

Diese wird, wie andere Textillien auch, mittlerweile auf großen Plakatwänden und auf ganzen Anzeigenseiten für sich allein als Textilie beworben.

FÜR DEN KÖRPER. FÜR DIE SINNE

Triumph, einer der vielseitigsten Unterwäsche-Multis, der über ein weltweites Vertriebsnetz verfügt, wirbt mit diesem Statement, das darauf fußt, daß die Haut schlichtweg unser größtes Sinnesorgan ist. Was auf der Haut ist, spüren,fühlen, genießen wir – wenn der Stoff wohltuend ist. Andernfalls leiden wir, wenn ein Stoff sich zu kühl anfühlt oder gar kratzt. Am seitlichen Bildrand des Triumph-Motivs steht vermerkt: „slipisoft Taillenmini. Mit Lycra nur von DuPont". Diese Firma begann ihren Siegeszug bereits in den 30er Jahren, als es gelang, die ersten synthetischen Fasern aus Erdöl, Erdgas und Kohle herzustellen. 1938 ließ sie die künstlich hergestellte Faser Nylon patentieren. Andere wichtige Faserarten sind Polyester, mit Handelsnamen wie Diolen, Modal, meist gemischt mit Baumwolle oder Tri-Acetat, das häufig für Futterstoffe und Blusen verwendet wird. Was die Existenz von sowohl Baumwollanbau wie der Chemiefaserproduktion der europäischen Marktführer (wie u.a. Akzo, Hoechst und Rhone-Poulenc)

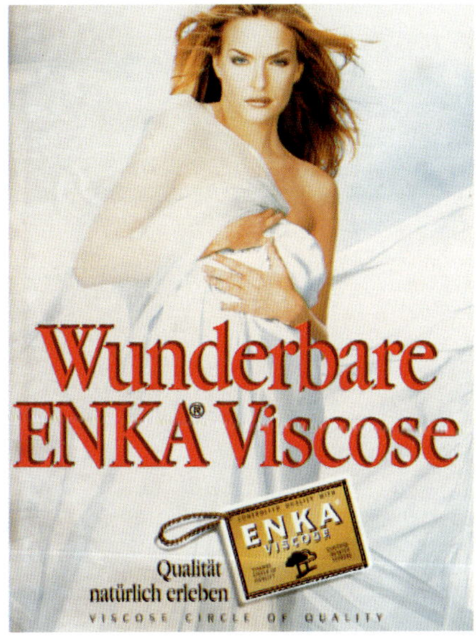

Natürlich erleben: Viskose wird aus Baumrinde, Baumwollresten und anderen natürlichen Ressourcen hergestellt

und der traditionellen Chemieindustrie so produktiv sein läßt: einer profitiert vom anderen.

Die Chemie sorgt nicht nur für die Farbe, sie kann auch Fasern und Stoffe mit bestimmten Eigenschaften ausrüsten. Naturfasern werden bearbeitet, damit

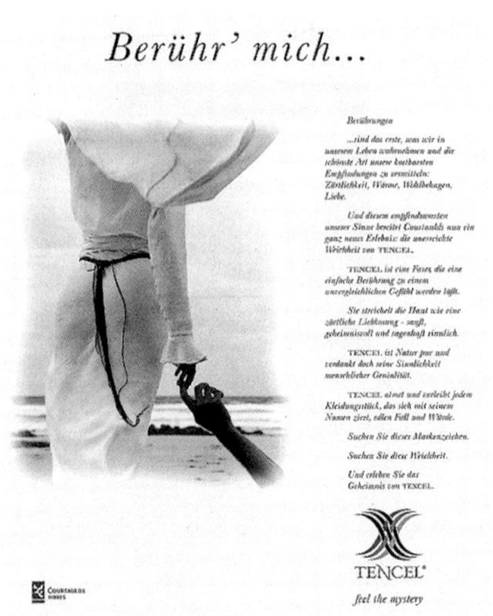

sie so pflegeleicht wie Chemiefasern werden, Babywäsche kann einem Verfahren unterworfen werden, das sie weicher macht als „normal"-weiche Unterwäsche.

VON FASERN, MICROFASERN UND GEKONNTEM FASER-MIX

Die Herstellungsverfahren werden ständig verfeinert. Viskose, die natürliche Faser aus Holz-, Leinen- und Baumwollelementen, besteht aus Faserfilamenten (Filamente nennt man extrem zarte Fäserchen), die in der Industrie nach Feinheitsgraden mit dem Maß „dezitex" (dtex) kategorisiert wird. Die dtex-Zahl weist darauf hin, wieviel ein 10 000 Meter langer Faden wiegt. Sind Filamente feiner als 1 dtex, bedeutet das: 10 000 Meter wiegen nicht einmal ein Gramm. Diesen Fasertypus nennt man Microfaser. Sie wird häufig für die Herstellung von Unterwäsche verwendet, wirkt transparent und fühlt sich sehr weich an. Weil zu den wenigen Minuspunkten, die man der reinen Baumwolle nachsagen kann, die geringe Elastizität gehört, hat sich das Mischen von elastischen Anteilen mit Baumwolle durchgesetzt. Der amerikanische Hersteller DuPont hat nach einer Umfrage in Europa befriedigende Ergebnisse verbuchen können: Das von DuPont erzeugte Lycra-Material schnitt bei Verbrauchern gut ab, weil es das leidige Ausleiern von Beinabschluß und Taillengummi verhindert, die Unterwäsche also länger so bleibt, wie sie zunächst einmal war, ihren Sitz beibehält und auch das Tragegefühl von dem gummielastischen Endlosgarn (ein Blockpolymer mit hohem Molekulargewicht) nicht beeinträchtigt wird. Lycra wird mit Anteilen zwischen einem Prozent (jetzt neu bei Edition Götz) und zehn Prozent mit Baumwolle gemischt. Lycra gehört zur Gruppe der Elasthane, dazu gehört auch Dorlastan.

Gute Mischerfahrungen hat man auch bei Seide mit Wolle. Diese Mischung vereint die positiven Eigenschaften der beiden Naturfasern. Sie ist weicher, feiner und leichter als Wolle und gleicht die Temperatur etwas besser aus. Durch den Anteil der Seide (ein bewährtes Mischverhältnis ist 30 Prozent Seide mit 70 Prozent Wolle) empfindet man dieses Mischgewebe auch bei mittleren Temperaturen als ausgesprochen angenehm.

Die Faser wirbt: Sie wird von einem der ganz großen Konzerne (Courtaulds) hergestellt (in „Marie Claire")

WÄSCHE ALS INSZENIERUNG

PLAKATE ALS PIN-UPS FÜR FRAU & MANN

Cindy Crawford gehört zu den teuersten Fotomodels der Welt. Sie ist ein Star. Auf dem Plakat der Firma Palmers wurde sie von einem anderen Star, dem in Los Angeles lebenden Fotografen Herb Ritts, in Szene gesetzt. Sie trägt Wäsche aus dem in Innsbruck 1914 als kleines Wäschegeschäft gegründeten österreichischen Wäschekonzern Palmers. Die Gestaltung des dreigeteilten Plakates liegt bei der angesehen Werbeagentur GGK, ihr Art Director Christian Satek hat sich mit dem schon Anfang der 80er Jahre begonnenen Auftritt für Österreichs inzwischen größten Textilkonzern viel Lorbeeren verdient. Und und Bustier bzw. Corsage ohne Träger wurden von Käuferinnen in den 180 Palmers-Zweigstellen in Österreich verlangt als eben die „Teile, die gerade draußen auf der Straße auf den Plakaten zu sehen sind".

Mister Palmers, der Konzernchef – er heißt Rudolf Humer und setzt im Geschäftsjahr ungefähr 4,4 Milliarden Schilling mit Dessous, Nachtwäsche, Herrenwäsche um – ließ die Agentur ihre Gestaltung konsequent durchziehen. Plakate sind Anschläge, heißt es. Gute Plakate sind Stadtgespräche. Sie sind ein öffentliches Bilderbuch. Neben der schönen Amerikanerin Cindy illustrierte auch

Cindy Crawford Superstar: Palmers Plakat von 1990, fotografiert von Herb Ritts

auch ein paar Angriffe von Feministinnen einstecken müssen, was den Erfolg aber mehr gefördert als geschmälert hat.

Der mittlere Teil des Bildes, Cindy in klassischer Pin-up-Pose, hängt in unzähligen Studentenbuden, Soldatenspinden und Werkhallen. Die halterlosen Strümpfe, das Höschen im nabelfreien Rio-Schnitt die aus Deutschland stammende Tatjana Patitz die Bilderwände der Stadt. Sie trägt einen kleinen Strumpfhaltergürtel. Wieder ein Grund, ein vielleicht vernachlässigtes Dessous nach Hause zu tragen. Seit es Strumpfhosen gibt, ist es kein Must mehr. Man trägt so ein Gürtelchen nur, wenn man gerade Laune hat auf

„einmal etwas anderes". Der Clou bei der großangelegten Werbung: Die Wäsche von Palmers ist erschwinglich. Sie war die biedere Wäsche für jedermann bzw. jede Frau gewesen. Das Risiko, die Stammkäufer zu vergraulen, nahm der Konzernchef in Kauf. Es galt, neue, kauffreudige Kunden zu gewinnen.
Anfang der 80er Jahre fotografierte die bekannte Wiener Fotografin Elfriede Semotan Caroline Granger. Immer gleich dreimal nebeneinander gestellt sah man das üppig gewachsene Model in der gleichen Pose, der Slip knapp, der Büstenhalter relativ transparent. Das war schon aufreizend. Was die Gemüter eingeschworener Feministinnen erregte, war aber der Spruch auf dem Plakat: „Du bist schön". Sie übersprayten viele Plakate mit Abänderungen wie „Bist du blöd" oder „Bleib so dumm". Die nächste Attacke im Dreiteiler, wieder mit Caroline Granger, fotografiert von Elfriede Semotan, setzte auf den Erotik-Klassiker Schwarz und provozierte mit dem Spruch „Trau dich doch". Dasselbe Team formulierte als nächstes – nun mit aufgelöstem Haar und erwartungsvoller Pose im Schlafrock – den Spruch an ihn – wer immer der Mann sei: „Komm bald heim". Diese „Trau dich doch"-Kampagne hatte sich noch nicht in Spontankäufe umsetzen lassen. Das Image war zu neu, zu provokant. So kurzfristig ließe sich aber sowieso nichts ändern, meinte der Konzern-Herr Humer damals gelassen. Die Themen würden, auch ohne Sprüche und zum Teil etwas milder in der Wirkung, variiert.

„Komm doch heim": Aufforderung im Schlafrock

Feministinnen schäumten vor Wut und schlugen damit ungewollt die Werbetrommel für reizvolle Dessous

1985 wurde mit einem Dreiteiler, einem schwarzen Spitzenbody, der ziemlich viel Po sehen läßt, nachgezogen. Dreigeteilt war auf dem Plakat zu lesen „Schön wie nie". Allmählich hatten sich die Österreicher so an die Dessous-Plakate gewöhnt, daß sie diese auch wirklich als

„Du bist schön": Palmers Plakat, fotografiert von Elfriede Semotan, gab Anlaß für erboste Redaktionen

„Trau dich doch": Palmers Plakat mit schwarzem Dessous

Die dem Betrachter zugewandte Kehrseite erregte Aufsehen

Entscheidungshelfer akzeptierten. Das Plakat wurde zur Referenz, die dort abgebildete Mode von den Kunden direkt verlangt. Das Plakat avancierte zur Alltagskunst. Unmittelbarer Ausdruck dafür war eine Ausstellung im ehemals ehrwürdigen Wiener Pfandleihhaus, dem berühmten Dorotheum. Eine Ausstellung von Plakaten im ehrwürdigen Dorotheum, das sich als eines der bedeutendsten europäischen Auktionshäuser und als Galerie profiliert hat, war ein Meilenstein.

Das Plakat wurde in den Stand der Alltagskunst erhoben. Und mit ihm sein Sujet: Die Wäsche

Palmers und die GGK, stolz auf den Erfolg ihrer Innovation, verweisen in einem schön gestalteten Katalog „Palmers. Die Plakate" auf Andy Warhol, der gemeint hatte, Werbung und Konsumkultur seien Kunst und er mache deswegen Werbekunst und Kunstwerbung. Und Joseph Beuys wird im Motto zu dem von Klaus Staeck herausgegebenen Band „Das Wirtschaftsprinzip" so zitiert: „Unsere Kultur ist nicht geprägt von der Kultur, unsere Kultur ist ganz geprägt von den Wirtschaftskräften". Was den Frauen recht, sollte den Herren billig sein, dachten sich die Werbestrategen und beschlossen eine Kampagne „for men only"-Plakate also, die auch die früher als „Unaussprechliche" bezeichneten Unterhosen der Männer thematisieren sollten. 1981 wurde „Palmers for men" affichiert. Die Männer, vom Konzernchef leicht ironisch als „Bedarfsdecker" bezeichnet, womit er Leute meint, die wahllos ein paar Slips einpacken, weil die letzten zu ausgeleiert oder in der Wäsche verfärbt wurden, ließen sich aktivieren. Die Strategie mit dem schlicht wirkenden Plakat war vielschichtig. Elfriede Semotan, die Fotografin, Kreativ-Kopf Gert Winkler und Christian Satek hatten einen Seitenblick auf die Ästhetik im alten Griechenland, in dem die Knabenliebe blühte, riskiert. Sie rückten ab von realitätsnahen Farbfotos und wählten statt dessen Hintergründe mit Säulen oder strengen Mauern. Damit sollte der Gefahr, den für die Unterhose werbenden Mann der Lächerlichkeit preiszugeben, begegnet werden. Die Jünglinge in

Griechischer Jüngling: Palmers umwirbt den Mann

Unterhosen fanden eine Fangemeinde. Fast 5000 Plakate, die eigentlich als Dekoration für die Filialen vorgesehen waren, wurden an weibliche und männliche Plakatfans, die ihr Interesse fast schüchtern vorgebracht haben sollen, verschenkt. So hielten sie Einzug in die gute Stube oder ins Schlafzimmer.
1988 wird der an ein griechisches Standbild erinnernde Mann mit dem zweiteiligen Set aus Slip und knappem Sportoberteil würdiger Nachfolger der Männerkampagne. Diesmal fotografiert von Herb Ritts. Die gesamte Kampagne ist mittlerweile ein mit Preisen überhäufter Klassiker. Daß es immer wieder gelingt, in neuen raffinierteren Variationen den Erfolg fortzuschreiben, liegt weder an der Provokation – an die hat man sich als an etwas ganz Normales gewöhnt – noch allein an der Finanzkraft des Unternehmens Palmers. Es liegt daran, daß eine Art Zusammengehörigkeit entstanden ist zwischen Konsumenten und Wäschegeschäft. Es gehört zum Alltag, daß man jetzt via Plakat erfährt, daß es in den Wäschefilialen den durchsichtigen, hautfarbenen Body (die Wäscheserie heißt „Jessica") gibt. Daß sie empfohlen wird als eine Art Haut-Make-up, geeignet als perfekte „Camouflage" unter transparenten Flatterhemden oder „durchbrochenen Kleidern aus wehenden Chiffons, Organzas, Häkelspitzen." „Figur pur" heißt ein Slogan. Die hautnahe Farbe „Bronze" läßt aber trotzdem nicht nackt dastehen, das Gewebe wirkt geschmeidig formend, eingearbeitete Bügel unterstützen den Busen.
Die fast verklärte Beziehung, die die Mitarbeiter des Hauses zum Palmers-Reich haben, hat sich mittels Plakaten an allen Ecken in Österreich auf die Kunden

Anzeige 1995: Wie ein Körper-Make-up wirkt der hautfarbene, transparente Body

übertragen. Jetzt kommt Palmers übrigens nach Deutschland. Konzern-Herrscher Rudolf Humer: „Wir sind praktisch gezwungen zu diversifizieren, in Österreich sind wir inzwischen am Plafond angelangt, da können wir nur noch marginal wachsen."

SCHWARZ-WEISS-MALEREI

DIE PHILOSOHPIE DES HAUSES HANRO – EIN INTERVIEW

Ursula Kyburz an ihrem Schreibtich in Liestal bei Basel

Ursula Kyburz ist internationale Kommunikationsmanagerin bei der Firma Hanro of Switzerland. Sie ist verantwortlich für alle Public-Relations- und Werbeaktivitäten der Erfolgsfirma mit dem cleanen Luxusimage. Daß die Werbebotschaft von der Hanro-Wäschemode bei den Käufern ankommt, bestätigen die Umsatzzahlen. Und nicht nur das; Hanro wurde zum Beispiel für die neu eingeführte Packungslinie „stretch feeling" in London mit dem „International Advertising Award" ausgezeichnet. Im gleichen Jahr vergab auch die Frauenzeitschrift „Marie Claire" einen Preis an Hanro. Begründung: Die „Marie-Claire"-Leser hatten sich nach einer Befragung bezüglich der Werbung im Heft mehrheitlich für die klare Linie der Hanro-Anzeigen ausgesprochen. Hier beantwortet Ursula Kyburz die Fragen nach der Erfolgsstrategie von Hanro.

Moderne Frauen erwarten heute viel von ihrer Bodywear. Was den Großmüttern das Korsett als Halt und Mogelhilfe bei Figurproblemen bot, leistet für die Enkelinnen der perfekte Schnitt. Ein guter Body (suit) soll dazu dienen, den eigenen Body (Aerobic-trainiert!) ins rechte Licht zu rücken. Das ist aber noch nicht alles. Seit die Unterwäsche auch zur Outerwear avancierte, gehört sie zum Lifestyle. Man trägt seinen BH und Slip, seinen Body, sein Hemdchen zum Beispiel von Hanro.

Warum halten Sie die Anzeigenmotive in Schwarz und Weiß?

U.K.: Wir benutzen den Schwarz-Weiß-Kontrast aus ästhetischen Gründen; er wirkt elegant, clean, stilvoll. Eine Frau, die „nur" Unterwäsche trägt, wirkt im kontrastreichen Schwarzweiß zwar nackt, aber nicht so unmittelbar ausgezogen wie auf einer Farbfotografie.

Welcher Design-Einfluß dieses Jahrhunderts ist für Sie besonders wichtig?

U.K.: Unter anderem das Bauhaus als Grundlage der modernen Architektur. Im speziellen Mies van der Rohe und Le Corbusier. Die Einfachheit und Funktionalität sowie der Stil eines Möbelstücks oder eines Raumes haben eine neue Sensibilität für klare Linien geweckt; eine Materialgerechtigkeit von Schönheit und Stil. Die Entwicklung von Plastik und Kunststoffen waren Voraussetzung für Mode-Modernität. Das Pompöse fällt weg. Mit dem Korsett als Doktrin der

Frauen ist es endgültig vorbei! Man denke an Coco Chanel, die den Französinnen nicht nur die pure Eleganz schenkte, sondern die es ihnen ermöglichte, den Strand von Deauville zu bevölkern, sich zu sonnen (anstatt sich umständlich zu verhüllen), und dabei stets doch stilvoll und elegant zu bleiben!
Die klassischen Elemente, wie es sie seither gibt, zum Beispiel das kleine Schwarze, das Chanel-Kostüm, ein Hermes-Foulard, eine Perlenkette oder das weiße T-Shirt sind Elemente, die immer wieder neu in Mode kommen.

Welche Frauen in diesem Jahrhundert halten Sie – auf Mode, Stil und Wäschemode bezogen – für besonders einflußreich?

U.K.: Für mich persönlich sind unter anderen Coco Chanel, Grace Kelly, Audrey Hepburn, Jackie Kennedy richtungweisende Vorbilder, wenn es um Kleidung und Stil geht. Frauen wie Marlene Dietrich, Jane Russel, Esther Williams und natürlich Madonna haben durch ihre freizügigere, gewagte Bekleidung das Körpergefühl und die Akzeptanz von Wäsche im Outerwear-Bereich gefördert. Vordenker in der Entwicklung sind im speziellen J.P. Gaultier und Alaia.

Eines der Anzeigen-Motive zeigt eine elegante Frau im Flugzeug – und erst auf den zweiten Blick fällt dem Betrachter auf, daß sie in einem Body – also in Wäsche – dasitzt. Holen Sie die „Underwear" aus dem Schlafzimmer? Heißt das, Sie sprechen bewußt die berufstätige, die selbständige, die immer perfekt gestylte Frau an?

U.K.: Nein, es geht darum, Parallelen in Perfektion, Parallelen zum Design und zur Technik zu kreieren. Die Schönheit der Materialien-Formvollendung – zum Beispiel eines Luxus-Jets mit edlen Lederpolstern, den klassisch-schönen Chrom- und Holzdetails – bildet das Umfeld für unsere Hanro-Frau. Sie sitzt inmitten dieser Umgebung, und damit ergibt sich das, was ich als „Parallelen in der Perfektion" bezeichne.

Wie kommt es zu dem sanften „feeling", das die Wäsche vermittelt?

U.K.: Die Wahl der Materialien ist nebst dem Design und dem Schnitt entschei-

An jedem dieser Hanro-Motive läßt sich studieren, wie klassische Mode-Elemente und die sie umgebende edle Technik die beschriebenen „Parallelen in der Perfektion" kreieren

dend: Wir verwenden feinste mercerisierte- und gezwirnte ägyptische Longstaple-Baumwolle in edelster Ausführung sowie Merino-Wolle, Wolle- Seide- und Seide-Kashmir-Qualitäten. Für neue Trendmodelle werden auch neu entwickelte Materialien wie die Microfaser oder andere Synthetikmischungen verwendet. Etwas Besonderes an der Marke „Hanro of Switzerland" ist auch, daß die Zutaten exklusiv bei uns gefertigt werden.

Es geht darum, Parallelen in Perfektion, Parallelen zum Design und zur Technik zu kreieren

Wie viele Kollektionen bzw. Damenwäsche-Kollektionsteile werden entworfen?

U.K.: Pro Jahr werden zwei Kollektionen kreiert. Die Frühjahrs/Sommer- und die Herbst/Winter-Kollektionen mit circa 100 bis 120 Einzelteilen pro Saison. Macht also circa 240 neue Wäschestücke im Jahr. Bei internationalen Fachmessen in Düsseldorf, München, Paris und New York werden die Kollektionen jeweils präsentiert. Der Fachhandelskunde trifft seine Wahl, und so gelangen sie ins Wäschegeschäft.

Was ist mit den vertrauten Hemden, Höschen und Bodies, die man sich nachkaufen will?

U.K.: Die Classic/Basics-Kollektion bürgt für Kontinuität – d. h. diese Klassiker werden konstant im Sortiment angeboten und verbinden in der Marke Tradition und Zukunft. Die Trendkollektionen können jeweils nur saisonal gekauft werden.

Was denken Sie, welchen Stellenwert die edle Bodywear derzeit beansprucht?

U.K.: Im Zusammenhang mit dem seit längerem anhaltenden Trend zum Rückzug ins eigene Heim, zu Verbindlichkeit und Treue in Partnerschaften, zum Cocooning, wächst der Bedarf an schöner Tag- und Nachtwäsche.

Wie wichtig ist Hanro of Switzerland die Tradition?

U.K: Wir sind stolz auf die mehr als 100 Jahre alte Tradition. Kontinuität ist die unternehmerische Philosophie des Hauses. Die unverwechselbare Markenpersönlichkeit, die sich in der Qualität des Materials ausdrückt. Die Kostbarkeit des Stoffes ist ebenso Grundlage unserer Lifestyle-Ideologie wie es die Schwarzweiß-Anzeigen sind, mit denen wir uns in den Printmedien deutlich vom Konkurrenzfeld abheben. Was das Haus Hanro verläßt, ist nicht nur ein Wäschestück. Es ist eine Emotion und eine Philosophie im historischen Bewußtsein der Tradition der eigenen Linie, in Verbindung mit klugem, permanentem Ausloten des Zeitgeistes, getragen durch die Hanro-Mitarbeiter. Hanro, das exklusive Gütesiegel für hervorragende Kreationen in Sachen Luxus auf der Haut.

Anzeigenmotive, die in „Cosmopolitan" erschienen sind

EROTIK-TYPOLOGIE

WELCHER WÄSCHETYP SIND SIE?

Weiß: Die Farbe, die alle anderen in sich vereint. Die Farbe der Braut. Man sollte sie niemals als harmlos mißverstehen

Verraten einem Mann Stil und Farbe der Dessous einer neuen Flamme etwas über deren Charakter? Möglich ist es, behaupten Psychologen und stellen eine Erotik-Typologie auf.

Ein Blick auf die Farbe der Wäsche:
Weiß: Frauen, die weiße Reizwäsche tragen, sollen romantisch und einfühlsam sein. Außerdem sind sie loyal, anpassungsfähig. Sie schätzen keine besonderen Experimente in der Liebe, sind aber sehr leidenschaftlich. Hastige Liebhaber sind ihnen ein Greuel.
Pastell und hautähnliche Nuancen: Ein komplexes Wesen, unsicher, unauslotbar. Hat die Fähigkeit zu geben und zu nehmen. In der Liebe soll ihre Phantasie unerschöpflich sein.
Rot: Von roten Spitzendessous sagt man, sie hätten es bereits dem Vorbild aller Verführer, Casanova, angetan. Die Frau in Rot ist risikofreudig, selbstbewußt, sportlich. Was sie haßt, ist Routine.
Blau: Blau verweist auf ein sanftes, sinnliches Wesen. Ein wenig verträumt und sehr zärtlich
Violett: Geht das Blau ins Lila (die Farbe der Kirche und der Frauenbewegung) über, soll dies in erotischer Hinsicht auf Experimentierfreude und Hingabefähigkeit der Trägerin schließen lassen.
Schwarz: Trägt eine Frau täglich schwarze Dessous, beweist sie selbstbewußte, lustbetonte Weiblichkeit. Gleichzeitig ist sie der Typ, der sich keinesfalls herumkommandieren läßt.
Trägt eine Frau schwarze Wäsche nur, wenn´s drauf ankommt, soll das von Minderwertigkeitsgefühlen zeugen. Der Versuch, Raffinesse vorzutäuschen, scheitert dann an mangelnder Coolness.

Ein Blick auf die Form der Wäsche:
Ein rundum sehr hochgeschlossener Body sieht auf den ersten Blick schlicht aus. Man könnte Unkompliziertheit ver-

muten. Das Gegenteil ist aber richtig. Diese Frau will, daß man ausdauernd um sie wirbt. Das Wort Gleichberechtigung ist für sie mehr als nur eine Vokabel. Sie ist mißtrauisch und äußerst eigenwillig.
Ein einfaches Baumwollhöschen läßt auf einen Frauentyp schließen, der rundum mit sich zufrieden und ziemlich sicher in festen Händen ist.

Halblange Hosen, auch als „Liebestöter“ bekannt, lassen auf ein heiteres, selbstbewußtes Wesen schließen. Die Dame ist keineswegs prüde, nur praktisch. Edle Seide und Spitze wird von extravaganten, romantischen Frauen geliebt. Erotik-Typus: Luxusgeschöpf.

Was die Männer angeht, so ist die Tradition der Unterwäsche als schöne, reizvolle Bodywear noch zu neu, um verallgemeinern zu können. Ein paar Hinweise sind aber erlaubt:

Der glatte Jersey-Slip mit Eingriff und Weichgummiband: Wer diese am häufigsten getragene Unterhose Deutschlands bevorzugt, ist modisch desinteressiert. Als Mann ist er verläßlich. Die Boxer-Short mit Gummizug und auch die Boxer-Variante aus Jersey können als Weiterentwicklung der oben genannten Allzweckhose gelten. Der Mann, der sie trägt, hat Sinn für Humor. Er muß ihn auch beweisen: In neun von zehn Fällen ist die erste Reaktion, wenn er sich zum erstenmal vor einer neuen Eroberung auszieht: Er wird ausgelacht. Freunde von Boxer-Shorts wechseln trotzdem nie zu Slips oder zur klassischen Feinripp zurück. Sie haben Prinzipien.

Ein knapper Slip kann als vermeintlich erotisches Signal mißverstanden werden. Im Allgemeinen geht es darum, daß die Männer, die sie bevorzugen, sich gern gut aufgehoben fühlen.

Schwarz: Die Farbe der Geheimnisse. Sie ist erotisch, aber nicht berechenbar

Rot: Die Farbe der Leidenschaft. Man sollte sich besser in acht nehmen

DER DUFT DER WÄSCHE

GROSSE WÄSCHE, KLEINE WÄSCHE

Sie duften nach Frühling

Unvergleichlich: Der Duft der Wäsche, wenn sie im Freien trocknen konnte (das Bild ist von Hanro)

Vor dreißig und mehr Jahren war der Waschtag in einer Familie Institution. Meist fiel er auf den Montag. Der Haushalt war dann geprägt von den Geschehnissen in der Waschküche: Einweichen, Kochen, Spülen, Auswringen, Aufhängen. Zur großen Wäsche zählten die Bettwäsche, die Handtücher, Tisch- und Küchenwäsche einer Familie. Unter der kleinen Wäsche verstand man die gesammelte Unterwäsche, die Hemden und Blusen. Die Bunt- und die Feinwäsche waren nochmal ein Kapitel für sich. Wagte sich einer in den Dunstkreis der Großaktion, an der neben der Hausfrau meist noch eine Haushaltshilfe, Schwester, die große Tochter oder sonst ein hilfreicher Geist beteiligt waren, hatte er den charakteristischen Geruch von Waschlauge in der Nase.

Seit die Waschmaschine ihren Platz in der Wohnung, im Badezimmer oder in der Küche gefunden hat, werden den Waschmitteln Duftstoffe zugesetzt, die diesen Laugegeruch überdecken und auch der fertigen Wäsche einen angenehmen Geruch verleihen.

Beim Stichwort große Wäsche dachte man früher an Stapel fein gefalteter, frisch und nach Sauberkeit riechender Teile.

Heute denken Hausfrauen, wie eine großangelegte Studie des Industrieverbands Körperpflege und Waschmittel e.v. (IKW) zeigte, in erster Linie an ökologische Belange. Festgestellt wurde eine tendenzielle Übergeneralisierung des unterstellten Bedrohungscharakters in der Bevölkerung.

Auch Waschmittel sind in den Kreis problematischer Produkte einbezogen worden. Gingen die Befrager ins Detail, stellte sich allerdings heraus, daß das Waschpulver dann doch nicht so kritisch bewertet wurde. Auf einer Liste von 18 möglichen „Umweltsündern" steht es erst auf Platz 15. In der Vergangenheit

Duft für den Wäscheschrank: Es gibt duftende Kugeln, Früchte (Ananas aus Holz riechen nach frischer Ananas), Duftsäckchen mit Lavendel oder Kräutergemischen

wurde unter anderem seine chemische Zusammensetzung im Hinblick auf die Gewässerverschmutzung diskutiert.

Was wäre die Konsequenz aus der Sensibilität für ökologische Belange? Der Verzicht auf blitzsauber gewaschene Wäsche? Waschmittel nicht zu verwenden, zumindest aber moderater und seltener zu waschen?

Ökologisch korrekt zu waschen, könnte dem sozialen Prestige, das mit den Normen von Sauberkeit und Hygiene verbunden ist, abträglich sein

Bei der Interpretation der vom IKW durchgeführten Stichprobe erläutert Henning Haase, Professor an der Universität Frankfurt: „Normen der Sauberkeit und Hygiene stehen unter sozialen Sanktionen. Man wird sie nicht leichtfertig in den Wind schlagen. Die Situation erzeugt gegebenenfalls eine kognitive Dissonanz: die Norm wird positiv bewertet, aber die Mittel, sie einzuhalten, erscheinen suspekt. Eine Lösung der Dissonanz kann viele Wege gehen: Etwa die Norm herabsenken; oder das Umweltrisiko der Mittel für gering erachten, indem man kritische Stimmen ignoriert oder ihnen nicht glaubt und sich vielleicht darauf verläßt, daß Kontrollinstanzen für die Einhaltung entsprechender gesetzlicher Vorschriften sorgen."

„ERINNERTE" vs. „WICHTIGE" PACKUNGSINFORMATIONEN

Spontane Nennung	„Erinnert" (n=200) %	„Wichtig" (n=200) %
Dosierungsanleitung mit Wasserhärtegraden	56	42
Umweltangaben/Umweltverträglichkeit	42	21
Temperaturangaben	41	19
„Ohne Phosphat"	32	17
Angaben über Inhaltsstoffe	27	10
„Biologisch abbaubar"	22	16
Eignung für Wäschearten/Fasern	16	11
Hersteller	13	0
Erhält die Farbkraft/Colorschutz	11	3
Allgemeine Werbung	10	0
Der „Grüne Punkt"	10	0
Sonstiges/k.A.	62	54
Durchschnitt:	3,4 Nennung/Person	1,9 Nennung/Person

Seit in den 70er Jahren den Hausfrauen und Familienhaushalten ein umfangreicher häuslicher Maschinenpark zur Verfügung gestellt wurde, zu dem auch die Waschmaschine gehörte, hat sich trotz aller Beteuerungen die Belastung von Frauen als Hausfrau/Mutter/Berufstätige und Männern als Ernährer nur unwesentlich verschoben. Aber die Beziehungsstrukturen haben sich dramatisch geändert, Single-Haushalte, alleinerziehende Mütter oder Väter haben viel mehr Haushalte entstehen lassen und die Haushaltsgrößen und damit auch die umfangreichen Wäscheberge der großen und kleinen Wäsche schrumpfen lassen. Die maschinelle „Zwischendurch-Wäsche" ist heute mehr und mehr Standard.

1959 war der Waschvollautomat noch in kaum einem Haushalt Selbstverständlichkeit. Trotzdem schäumten damals die Gewässer und die Tenside in Wasch- und Reinigungsmitteln, vor allem waren es die vom Typ Tetrapropylenbenzolsulfat

Check-Liste für Waschmittel-Geschädigte

Waschmittel Fleckensalz für Waschmittel-geschädigte

(TPS), die fast ungefiltert die Kläranlagen verließen und deutlich sichtbar Schaumkronen auf Flüssen und Seen bildeten.
1961 verabschiedete man in der Bunderepublik das erste sogenannte Detergenziengesetz. Das war der Startschuß zu einer halbherzigen Waschmittelpolitik, die ständige Folgeregelungen nach sich zog, die es Privathaushalten meist unmöglich machten, sich „ök" (ökologisch korrekt) zu verhalten. Es war ja nicht einmal den Fachleuten möglich, die Inhaltsstoffe in gängigen Waschmitteln (Inhalt: Tenside, Gerüststoffe, Bleichmittel, Vergrauungsinhibitoren, Korrosionsinhibitoren, Schauminhibitoren, Enzyme, optische Aufheller, Farb- und Duftstoffe) im einzelnen auf ihre Umweltverträglichkeit und gleichzeitig auf die dosisgerechte Wirkung als Voll- oder Feinwaschmittel zu analysieren. Es erfolgte immer ein Schritt nach dem anderen. Zum Beispiel lehrte erst die Erfahrung, daß die vor allem zur Enthärtung des Wassers eingesetzten Natriumphosphate das Algenwachstum mehr als gewünscht förderten. Das Wasser konnte umkippen, ein Fäulnisprozeß eingeleitet werden.
So kam es 1975 zu einem „Waschmittelgesetz", demzufolge die Offenlegung der Rezepturen gefordert wurde. Zusätzlich wurden Limits für die Phosphatmengen festgelegt. Man einigte sich auf einen stufenweisen Abbau; das Thema tauchte seit 1980 immer wieder in den Medien auf. Das öffentliche und individuelle Umweltbewußtsein wurde überstrapaziert, sogar genetisch manipulierte Bakterien in Aussicht gestellt, die als von Natur aus reinigend wirkende Kleinstlebewesen dem Waschmittel „mißbrauch" dereinst ein Ende setzen sollen.

LUXUS-WÄSCHE: EIN WÄSCHE -LUXUS?

Während der letzten Jahre, das ergab sich aus der Stichprobe des IKW, hatten fünfzig Prozent der Befragten das Waschmittel gewechselt. Etwa die Hälfte der Frauen ist vom Normalpulver zum Kompaktwaschmittel übergegangen. Dieser Wechsel wurde damit begründet, daß man einen Beitrag zur Umweltschonung habe leisten wollen. Wie indoktriniert Frauen (Männer waren nicht befragt worden) von der Waschmittelpolitik sind, zeigt die hier gezeigte Tabelle. Richtig waschen ist nicht mehr nur körperlich anstrengend, es ist auch zum Denksport geworden.
Wer täglich mit Dessous umgeht, wie die Inhaber von Fachgeschäften, spürt die Überforderung von Kundinnen. Häufig hören sie das Statement: „Diese Wäsche ist so hübsch, wenn man sie nur nicht extra waschen müßte!" Die Spezialbehandlung für Seiden-Dessous ist dabei – vergleicht man sie mit dem Verwirrspiel im Voll- und Buntwaschmittelbereich – unaufwendig. Es gibt flüssige Feinwaschmittel, es gibt kleine und mittelgroße durchbrochene Hüllen, in die man die edle Wäsche steckt und sie zum Beispiel so von übrigen Wäschestücken getrennt bei einem 30-Grad-Waschgang mitwäscht. Wer gerade nicht dazukommt, sich so ein Extrateil zu besorgen,

kann einen Kopfkissenbezug zweckentfremden. Es wird auch geraten, die Satin- und Seidenwäsche, die am Tag getragen wurde, abends einzuweichen und dann mit einem sanften Mittel kurz durchzu-

drücken. Empfohlen werden auch hautfreundliche Reinigungsmittel (wie Eubos), die man in der Apotheke als Flüssigseife für empfindliche Haut bekommt. Wichtig ist bei Seidenwäsche, daß man sie gleich herauswäscht, falls man geschwitzt hat. Es könnten sonst Flecken zurückbleiben.

Die Weichheit der Wäsche, sei sie aus Seide, aus Seide-Lycra, aus Baumwolle oder Baumwollgemischen, möchte jeder wieder und wieder genießen. Deshalb, so ließ sich am Verbrauch von Weichspülern ablesen, wird viel – zuviel – mit diesen Zusatzmitteln nachgeholfen. Im Durchschnitt werden pro Jahr 400 000 Tonnen dieser Flüssigkeit verkauft. Sie müßte, wenn man ohnehin mit Feinwaschmittel wäscht, nicht zwingend verwendet werden. Neben dem gewünschten „soft touch", den sie der Kochwäsche verleiht, hat der Zusatz einen nicht so günstigen Nebeneffekt: Die Saugfähigkeit weichgespülter Textilien nimmt ab.

WASCHTIPS

- **Lassen Sie 95-Grad-Kochwäsche zugunsten einer 60-Grad-Wäsche ausfallen. Es sei denn, Sie haben kranke Menschen oder Säuglinge im Haushalt.**
- **Waschen Sie nur leicht verschmutzte Wäsche bei 30 oder 40 Grad.**
- **Packen Sie Satin- oder Seiden wäsche in eine eigene, verschließbare Hülle, wenn Sie sie nicht von Hand waschen wollen. Höchsttemperatur ist 30 Grad.**
- **Überlegen Sie immer, ob Sie auf die Vorwäsche verzichten können. Die Waschmittel sind besser geworden, die Maschinentechnik weiterentwickelt worden. Oft genügt der Hauptwaschgang. Sie sparen damit Energie, Wasser und Waschmittel.**
- **Dosierhinweise gelten für neue Waschmaschinen, die das Waschpulver vollständig in der Waschtrommel nutzen. Bei älteren Maschinen kann ein Teil des Waschmittels ungenutzt in den Laugensumpf geraten. Aus dem Grund sollte man etwas mehr Waschmittel zugeben.**

Alles unter Kontrolle: Ein Beutel mit Reißverschluß (in Fachgeschäften gibt es sie in zwei Größen) faßt die feine Wäsche. Auch Bügel-BHs sind darin gut aufgehoben, denn der Bügel löst sich gelegentlich und macht sich selbständig. Wenn das passiert, steht die Waschmaschine still

WIE KAUFT MAN/FRAU EIN?

ZEN UND DIE KUNST, WÄSCHE ZU KAUFEN

Maßnehmen & merken: Wer ein routinierter Wäschekäufer werden will, sollte seine Maße wirklich wissen

Männer kaufen Dessous als Geschenk für ihre Frau oder ihre Freundin. Männer kaufen Wäsche für sich selbst. Frauen kaufen für sich, für ihren Mann oder Freund, für ihre Kinder. Wie kommt es, daß sie häufig nicht in der Lage sind, ihre Unterbrustweite und die Cup-Größe der Schalen zu benennen?

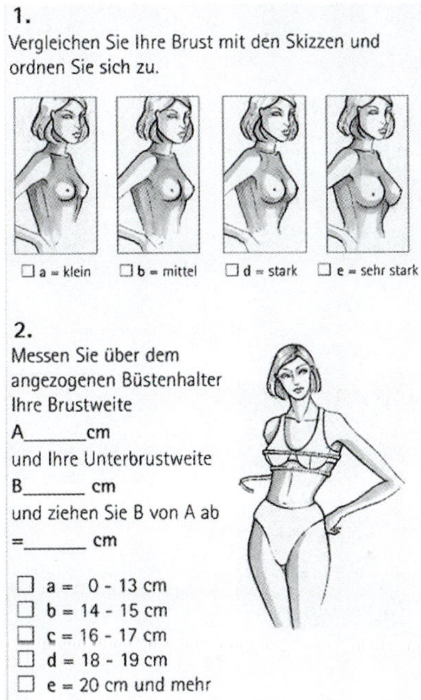

Eine erfahrene Verkäuferin im gut sortierten Wäschegeschäft streift mit einem flüchtigen Blick über die Gestalt der Kundin und liegt meistens richtig mit ihrer Einstufung. Die Geschäftsführerin eines alteingesessenen Wäsche- und Dessous Ladens in der Münchner Innenstadt sagt: „Das ergibt sich, wenn man ein Stück hunderte Male verkauft hat." In ihrem kaum zimmergroßen Geschäft stapeln sich Büstenhalter und Slips bis unter die Decke. Die seltener gefragten großen Größen von 95 C über 95 DD bis 100 C sind in mehreren Versionen vorrätig. Da das Geschäft schon mehr als hundert Jahre alt ist, stützt es sich außer auf Kunden, die zufällig hereinschauen, auf Stammkundschaft. Oft kommen Frauen und haben den Büstenhalter, der ihnen am besten paßt, in der Handtasche dabei. Ihr Anliegen: Denselben nochmal, bitte!

Vertrauenerweckend: Ein altes Laden schild. Das Geschäft existiert noch immer. Es läuft blendend

Im Dessous-Geschäft „Diva" an der Münchner Freiheit ist die Kundschaft häufig jung, neugierig und rein zufällig in Schwabing unterwegs. Da lauten die typischen Fragen: Gibt es etwas Neues von Risk? Von Malizia? Haben Sie zufällig irgendein Teil reduziert? Führen Sie auch den Wonderbra? Um nur einige zu nennen.

Männer, die in ein reines Herren-Unterwäschegeschäft wie das des ehemaligen Fotomodels Hermann Kratzer an der Münchner Freiheit gehen, wollen auf jeden Fall „was Neues". Sonst würden sie nicht eigens in ein Spezialgeschäft kommen. Sie haben, wie die jungen Modefrauen, die Kunst des Einkaufens auf zwei Beine gestellt: Auf dem Standbein werden der einmal optimal sitzende Slip oder die Briefs als Basics nachgekauft. Das Spielbein steht für: Was gibt´s derzeit sonst noch? Dieser Käufer-Typus, ob weiblich oder männlich, hat gute Chancen, die Kunst des Wäscheeinkaufens

Softformer; Elastisches Material und ein raffinierter Schnitt perfektionieren Po und Bauch unter knallengen Röcken (von Triumph)

einmal zu beherrschen. Der Typus macht im Deutschland der 90er Jahre bisher allerdings unter 10 Prozent aus. Im Süden Deutschlands ist er häufiger anzutreffen als im Norden, wo die Vorzeichen „mehr Zurückhaltung" dem Experimentieren mit Farben, Stoffen und neuen Formen der Bodywear engere Grenzen setzen. Das Nord-Süd-Gefälle gilt nicht nur für Deutschland, sondern für ganz Europa. Wir Deutschen befinden uns im Mittelfeld. Die Franzosen, die Italiener und die Spanier sind uns in der Kreativität, der Raffinesse und der Selbstverständlichkeit im Umgang mit Dessous weit überlegen. „In Italien gibt es eine viel größere Vielfalt. Viel, viel mehr Dessous werden angeboten, selbst in kleineren Orten kann man hochwertige Wäsche kaufen." Das sagt Luigi Lora aus Vicenza, der weiß, wovon er spricht, wenn er vergleicht. Seit 1978 arbeitet er in Deutschland, zunächst in der Oberbekleidung, dann im Bodywear-Business. Er kritisiert aber nicht die Deutschen als Kunden, sondern die Einkäufer und die großen Textil- und Designverantwortlichen. Weil, Loras Ansicht nach, ohnehin nur Homosexuelle und Modefreaks – bei der Männerwäsche – ständig neue und anders-

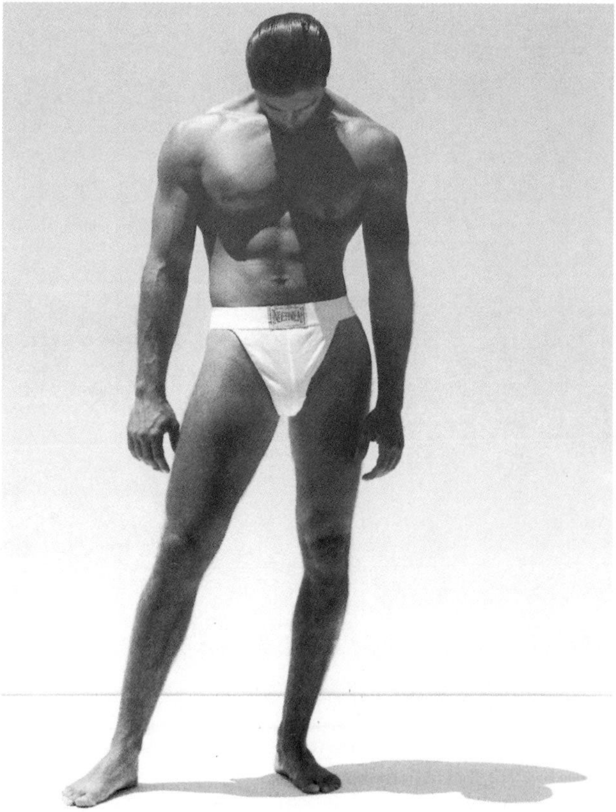

Dessous-Geschenk: nostalgischer Strumpfhaltergürtel aus Spitze und Satin, mit rückwärtigem Hakenverschluß und eingearbeiteten, biegsamen Stäben (von Gemma)

artige Teile kaufen, werde der große Markt nicht richtig aufgeschlossen. Das heißt: Wer zufällig in ein Kaufhaus oder in ein großes Geschäft geht, bekommt eben nur die übliche Massenware.

WIE MAN ZUM EXPERTEN WIRD

Ausprobieren, beraten lassen, die eigenen Maße im Kopf behalten sind drei Musts. Beim Mann ist das entscheidende Maß die Hüftweite, nicht, ob er groß oder untersetzt ist. Bei Frauen sind es der Umfang des Brustskorbs und die Cups. Wie man mit welchen Dessous zurechtkommt, in welcher Situation man sie trägt, ist eine Sache der Erfahrung. Im kleinen Geschäft in der Innenstadt Münchens verlangt eine junge Frau nach einem Büstenhalter, der unter eine naturweiße, andeutungsweise transparente Bluse paßt. Die Kundin möchte Bluse und BH bei einem Vorstellungsgespräch tragen. Sie hat ihren Mann dabei, der fragt: „Stellst du dich eigentlich bei einem Mann oder einer Frau vor?" Sie entscheidet sich schließlich für einen Bügel-BH, der den Busenansatz unter dem aufgeknöpften Blusenknopf sehr zurückhaltend, aber eben doch zur Geltung bringt. Ein Ehepaar, beide um die 70 Jahre alt, betritt das Geschäft wie alte Bekannte. Es sind Stammkunden auf dem Heimweg von einem Einkaufsbummel. Sie setzt sich hin, um ein wenig auszuruhen. Er, die eine Hand voller Einkaufstüten, zückt mit der anderen die Scheckkarte, um das „Übliche" zu bezahlen. Es handelt sich dabei um zwei Hüfthalter, hautfarben, dieselbe Farbe, dieselbe Größe. Wie immer. In Fünf Minuten ist die Wäsche-Affäre erledigt, noch ein Scherz, ein freundlicher Gruß, man kennt sich über die Jahre, und die Herrschaften sind verschwunden.

ER KAUFT FÜR SIE, SIE KAUFT FÜR IHN

Sie als Käuferin hat wesentlich mehr Glück als er, wenn er ihr reizvolle Dessous verehrt.

Sexy-Slip: Typ Bacchus von Nicos, diese Version ist von Armani. Männer brauchen dazu etwas Mut. Seitlich ist nur der überbreite Gummi, kein Stoff mehr. Manch einer findet das gewagt

Männer sind weniger Experten, was ihre eigene Wäsche angeht. Sie freuen sich über fast jedes Wäsche-Mitbringsel. Er ist vielleicht verlegen, weil der Slip sehr pompös wirkt. Wie der Ur-Typ aller edlen Slips, „Bacchus“ vom griechischen Designer Nicos, dessen Zuschnitt immer wieder kopiert wurde. Selbst Meister Armani war sich dafür nicht zu schade und präsentierte seine Version in Weiß. Der Nicos-Slip wird in Blau und Schwarz geschneidert. Aber der beschenkte Mann, so sagen es die Fachleute im Wäschegeschäft, ist niemals beleidigt, wenn er Unterwäsche geschenkt bekommt. Oft kommt er beim nächstenmal selbst ins Geschäft und mausert sich allmählich zum Wäschefreak.

Ganz anders die Frauen. Haben sie´s schließlich geschafft, „ihre“ Marke oder zwei, drei Favoriten einzugrenzen, ihre Unterbrustweite und die BH-Version mit den optimalen Cups für sich herauszufinden, dann lassen sie sich ungern aus dem Konzept bringen. Das ist eins (ganz abgesehen davon, daß nicht jeder Lebensgefährte begeistert ist, wenn er erfährt, welch finanziellen Aufwand sie betreibt, ehe sie auch nur ein Kleid am Leib hat). Das andere ist, daß „seine“ Vorstellungen von Dessous immer mit der einen, besonderen Situation verknüpft sind. Frauen wissen nicht, sollen sie sich freuen oder sollen sie sich ärgern, wenn sie einen Hauch von Tanga und ein dazu passendes Strumpfhaltergürtelchen nebst Nahtstrümpfen geschenkt bekommen. Stammt das Dessous-Geschenk aus einem der legendären amerikanischen Wäscheläden wie dem Dessous-Shop der Filmstars, den man nur als Mitglied bereten darf, „Trashy Lingerie“ in Los Angeles, oder einer der 117 Filialen von „Frederick´s“ mit dem Konzern-Hauptquartier am Hollywood Boulevard, dann kann es als originell angesehen werden. Auch die im gerade eben eröffneten „Agent Provocateur“-Shop in London entstandene „naughty lingerie“ kann als Kuriosum durchgehen. Durch ein ganz normales, feines Dessous-Geschenk fühlen sich Frauen leicht verdinglicht, in ihrer Persönlichkeit mißverstanden. Sie reagieren gekränkt.

Ganz praktische Frauen gehen umtauschen. Gegen Straps und Rüschen erhandeln sie sich sportliche Underwear. Das Herz der Verkäuferinnen, die sich auf den Tausch einlassen, gehört den Männern. Diese hatten ihre Schwellenangst überwunden, leicht verlegen, aber beherzt, unzählige Luxusexemplare betrachtet und betastet, um schließlich für eine erhebliche Summe Dessous zu erstehen. Daß sie dafür Undank ernten, ist nicht fair.

Sharon Stone, Madonna und Raquel Welch sind Mitglieder im Club der „Trashy Lingerie“ in Los Angeles. Gegen den Betrag von fünf Dollar darf jeder beitreten. Der Unterwäsche-Club führt etwa 90 000 Mitglieder

Frühlingsluft: Im Hemd, wurde zu der Zeit oft gesagt, sei die Seele einer Frau „gefangen“

PIN-UP-GIRLS IN HEISSEN HÖSCHEN

Die schwierige Entkleidung: Ein guter Vorwand, um einen hübschen Körper in Dessous abzubilden

Mark Gabor, ein Autor, der es sich zum Anliegen machte, die Geschichte des oder der Pin-ups zu dokumentieren, war selbst überrascht, daß er mit seiner ersten Publikation („The Pin-Up: A Modest History", 1972) monatelang auf der Bestsellerliste der „New York Times" einen Spitzenplatz behauptete. In seinem nächsten Buch („Girlie Magazines", Harmony Books/New York, 1984) kommentiert er im Vorwort sein Erstaunen und schreibt: „Es wurde mir klar, daß die Aufmerksamkeit der Männer hinsichtlich der weiblichen Kurven weit mehr als Alltagsroutine war. Trotz aller Modernität und der Faszination technischer Erkenntnisse scheint die Lieblingsobsession der Männer immer noch der – anonyme, leicht bekleidete – Frauenkörper zu sein. Es ist einfach so: Männer sind endlos fasziniert von erotischen Frauenbildern."

Die Dessous waren immer schon ein willkommener Vorwand, um erotische Situationen zu erfinden. Irgendwann ließ sich nicht mehr unterscheiden, was zuerst da war, die Henne oder das Ei? Machte man Abbildungen von Dessous – und zufällig gerieten sie erotisch genug, daß alle (männliche) Welt sie in Spinden,

Die Pose: Dekorativ nachdenklich

Schubladen, Cockpits (ob von Airbus oder Fernlaster) anpinnte. Oder war das Pin-up-Girl mit Corselett und Strapsen so aufgeputzt, daß die Dessous zum erotischen Werkzeug wurden?

Bevor es noch im amerikanischen Herrenmagazin „Esquire" das legendäre „Petty Girl" gab, hatten das französische Magazin „La Vie Parisienne" und ein Ungar, über den keine biographische Notizen hinterlassen wurden (seine Zeichnungen sind im Münchner Kostümforschungsinstitut Parish aufbewahrt), die Welt zwischen Schlafen und offiziellem Leben dargestellt. Die Zeit also, in der ein Mann und eine Frau halb aus- oder halb angekleidet sind. Sujet war allerdings immer die Frau. Die Anwesenheit des Mannes ist zwar offensichtlich. Entweder erkennt man sie aus der koketten oder verschämten Haltung der Frau, oder man liest sie dem Kommentar eines Beobachters ab. Es kommt auch vor, daß ein männliches Kleidungsstück, zum Beispiel ein Zylinder, darauf hinweist, daß der Mann als Betrachter sozusagen im „Off" sitzt. In „La Vie Parisienne", einem Heft, das von Männern für Frauen gemacht wurde, aber auch die „Gourmets de la Femme" großzügig bedachte, fand man reichlich Dessousthemen, die es ermöglichten, eine erotische Zeichnung einer halbbekleideten Frau zu inszenieren.

Der unbekannte Ungar hat einen anderen, eher fotografischen Blickwinkel. Sein Modell bezieht sich auf ihn. Sie posiert. Sie zeigt sich, sie zeigt ihre schöne Wäsche, die als Requisite dient und auch als Medium, an dem der Künstler vorführt, daß er sein Handwerk beherrscht. Rüschen, Schleifen, Samtbänder sind dankbare Objekte.

Verspielte Rüschen: Angenehm, sie zu betrachten

Striptease: Halb Dessous, halb Kostüm, trotzdem wird nicht zuviel gezeigt

Sicher der berühmteste Pin-up-Maler ist der 1896 in Peru geborenen Alberto Vargas. Das „Petty"-Girl war bereits eine Institution. Aber dessen „Vater", der Illustrator George Petty, war dem „Esquire" unbequem geworden. Er stellte zu hohe Geldforderungen. Man suchte nach einem Ersatz und fand Vargas. Seine süßen, wohlgerundeten, plastisch gemalten Beauties steigerten die Auflage des „Esquire" beachtlich. Vargas malte ungemein schnell.

In den 70er Jahren, als die Nacktheit zum Programm geworden war, warf man ihm gelegentlich vor, er habe zu naiv, zu harmlos gemalt. Insider der Szene hielten ihn allerdings für einen stillen Genießer. Man erzählte sich, daß dieser extrem fleißige und auf einem ungewöhnlich hohen Niveau agierende Maler schichtweise bei seinen Frauen-Abbildungen vorgegangen sei. Erst habe er das Mädchen nackt gemalt, mit Brustwarzen, Bauchnabel, Schamhaaren, dann habe er sie Stück für Stück, wenn auch nicht gerade üppig, bekleidet. Wie auch immer es gewesen sein mag: Alberto Vargas hat „Esquire" Millionen eingebracht, die Auflage stieg, seit es die „Varga Girls" im Herrenmagazin gab (man ließ von Verlagsseite das s von Vargas weg, weil es angeblich nicht so gut aussah). Leider hatte Vargas auszubaden, was ihm sein Vorgänger eingebrockt hatte. Zwar malte er im Akkord, aber er verdiente schlecht.

Die Bilanz des „Esquire" dagegen war blendend. Allein der Kalender von 1946, den Vargas malte, wurde dreimillionenmal bestellt! Daß er in Umlauf kommen konnte, war nicht ganz ohne Vorgeplänkel möglich gewesen. Es waren sogar eher ernsthafte Vorgefechte.

Es kam zu einem Verfahren, welches Frauenrechtlerinnen in die Wege geleitet hatten. Ihre Chancen waren jedoch bescheiden. „Esquire" hatte ein ausgewähltes Aufgebot an Psychiatern, Soziologen, Universitätsprofessoren (alle männlich, versteht sich) zusammengetrommelt. Deren Aussagen zählten. Der Prozeß wurde gewonnen. Gegen die Darstellung erotischer Frauenbilder konnte nichts mehr eingewendet werden. Und die Formel für Männermagazine mit voyeuristischem Inhalt war auch gleich gefunden: Man bot allgemeine, sozusagen seriöse Texte im gleichen Magazin an, und damit galt das Heft nicht als anstößig. Es mußte nicht unter der Ladentheke auf Befragen hervorgekramt werden.

OBJEKTE DER BEGIERDE

BODY ART: DIE MODE DES KOSTAS MURKUDIS

Sieben Jahre war er Assistent bei Helmut Lang. Er ist Grieche, wurde in Dresden geboren, seine Ausbildung zum Mode-Designer absolvierte er von 1981 bis 1983 am Fashion-College in Berlin. Unmittelbar anschließend entwarf er seine erste Kollektion für ein großes Münchner Geschäft.

Die Kleidungsstücke von Kostas Murkudis' neuester Kollektion bringen den weiblichen Körper plastisch wie eine Statue zur Geltung. Die Transparenz enthüllt ebenso, wie sie die Figur, gleich einem Kunstwerk, nachzeichnet. Assoziationen an Tamara de Lempickas „Junges Mädchen in Grün" stellen sich ein. Trotz wehender Stoffbahnen wirkt nichs flüchtig, sondern dekorativ-ornamental.

Glänzendes Polyester, ein bevorzugtes Material vieler Teile in Kostas Murkudis' Kollektion 1995, leistet einen Additionseffekt. Der BH ist aus dem gleichen Stoff wie die papierähnliche Polyestertextilie darüber. Die Partien, an denen die Stoffe doppelt gelegt sind, BH und Hemdchen übereinander und die Nähte miteinander, addieren sich in der Farbtiefe.

Im Umgang mit ungewöhnlichen Textilien hat Kostas Murkudis gute Erfahrungen gesammelt. Als er nach mehreren freien Projekten (Schuhe für Reiter in Wien, Krawatten für Intermoda, Teppiche für Vorwerk) unversehens 1993 bei der CPD in Düsseldorf (anschließend auf der Atmosphere in Paris) eine Sommerkollektion für 1994 präsentieren durfte, fehlte ihm buchstäblich der Stoff dazu. Er hatte seine Skizzen eingereicht und dabei nicht wirklich damit gerechnet, sie in real existierende Kleidungsstücke umsetzen zu sollen. Was tun? Er kaufte alles, was er in München, wo er lebt, bei türkischen Geschäften, die zu der Zeit noch sommerliche Stoffe lagerten, an Textilien auftreiben konnte. Viele kosteten nicht mehr als 1.50 DM pro Meter. Viele waren auch abenteuerlich gemustert, mit riesengroßen Blüten bedruckt. Er „erfand" sich Materialien. Zum Beispiel benutzte er Gazen und Battiste, die sonst als Einlagen in Herrensakkos und Futter gebräuchlich sind, er organisierte sich Buchbinderleinen für Jacken und wusch es, um es weicher und handlicher zu machen. Freunde schenkten

Der Mode-Designer Kostas Murkudis

Wie ein Miederhöschen ist das Vorderteil der Goldhose gearbeitet. Das Augenmerk liegt auf einer anatomisch attraktiven Hüftpartie, die durch die mechanische Funktion (des Miederschnitts) veredelt wird

Das Kunststoffmaterial des von Murkudis entworfenen Tops zeichnet den Körper nach wie der fixierte Faltenwurf bei einer Statue (Alle Fotos: Markus Jans)

ihm Stoffe, damit er schließlich produzieren lassen konnte.

Die Kollektion wurde ein Erfolg, und das Faible für ungewöhnliche Materialien blieb.So folgte im nächsten Jahr für den 36jährigen Modeschöpfer der Auftrag, eine Herbst/Winter-Kollektion zu entwerfen. Kostas Murkudis' Mode wird inzwischen international verkauft. In Italien, in Hong Kong, in Los Angeles, in München und Köln bei Beck.

Bikini-Top und PVC-Hemdchen übereinander. Die Farben addieren sich. Der steife Faltenwurf erhöht die pure Form zur Techno-Ästhetik

EINE MIEDERHOSE WIRD ENTFREMDET

Das funktionale Höschen gefiel dem Mode-Designer. Er hat ein Faible für die handwerklichen Elemente sowohl der traditionellen Schneiderkunst wie der jahrhundertealten Kunst der Miederwarenherstellung. Mieder hatten ja den Zweck, dem Körper zu einer ästhetisch definierten Form zu verhelfen. Der Model-Körper wirkt wie das Porträt eines zeitgemäß mechanischen Ideals. Murkudis integriert und entfremdet. Die klassische Pantyhose wird zur Vorderfront einer goldenen Röhrenhose. BH oder Bikinioberteil verleiht er den Wert eines vollwertigen Top. Murkudis' Mode der minimalistischen Entwürfe mit industriell zeitgemäßen Materialien spiegeln Nüchternheit. Ein großer Teil der Vorarbeit besteht daher im Aufspüren interessanter Materialien. Die meisten findet Murkudis in Italien.

Jeden Tag Reizwäsche. Und warum nicht? Die Kollektionsteile mit integrierter Bodywear sind allerdings eher für spezielle Situationen gedacht. Um auszugehen, aufzufallen, um erotische Signale zu senden. Ebenso erotisch kann es wirken, wenn Männermode integriert wird. Ein feminines Kleid im Unterrock-Stil, über dem ein klassischer Männermantel getragen wird, kann verblüffend clean und irritierend erotisch wirken. Kostas Murkudis will mit seiner Body Art durchaus nicht vordergründig schockieren. Etwas Provokation, ja. Aber dahingehend, daß mit dem Reflektieren traditioneller Werte in Verbindung mit betont neuzeitlichen Textilien ein ästhetischer Anstoß gegeben wird.

ANITA INTERNATIONAL, DR. HELBIG GMBH & CO KG, BRANNENBURG

Anita ist kein Wäschehersteller, sondern eine Firma, die sich seit mehr als 100 Jahren mit der Herstellung von ursprünglich Bandagen beschäftigt. Anita International hat sich zur führenden Spezialmiederfabrik in Europa entwickelt. Die Firma bietet verschiedene Programme, zum Beispiel Anita Maternity (Spezialmiederwaren rund um die Schwangerschaft), Anita Med (mit u. a. schön gearbeiteten Rumpfstützmiedern), Anita Classix (mit u. a. Entlastungsbüstenhalter für sehr große Brüste). Gibt es in Fachgeschäften, z. B. Sanitätshäusern.

GIORGIO ARMANI, MAILAND

Der italienische Mode-Designer läßt seit 1981 von verschiedenen Herstellern Armani-Designer-Wäsche produzieren. Der Armani-Underwear-Stil entspricht dem der puren, klaren Armani-Mode. Wie bei der Mode wird bei der Wäsche Giorgio Armani- und Emporio Armani-Wäsche unterschieden (für Damen und Herren). Erhältlich in Armani-Boutiquen und in Emporio-Läden.

BARBARA DESSOUS-MODE GMBH, WEITERSTADT

Französischer Dessous-Hersteller, seit rund 20 Jahren auf dem deutschen Markt. Beliefert Fachgeschäfte, verfügt über ein sortiertes Angebot, ist aber besonders bei Frauen mit üppiger Figur beliebt, weil Barbara-Dessous attraktive Designs und Farben auch für große Cups bereithält.

BRUNO BANANI, MITTELBACH

Ein Newcomer, der 1993/94 den deutschen Designer-Wäschemarkt eroberte. Charakteristisch ist die klare, sportliche Linie für Männer und Frauen, ein betont junger Auftritt, limitierte Kollektionen für Sammler und eine firmentypische Selbstinszenierung: Bruno Banani sponsert Aktionen wie Downhill-Skateboardrennen und u. a. den Weltenbummler Achill Moser, der bei einer Wüstendurchquerung die Belastbarkeit der Wäsche testet. Es gibt die Underwear in kompetenten Fachhandelsgeschäften.

DOLCE & GABBANA, MAILAND

Zwei Modemacher – Domenico Dolce, Stefano Gabbana – bieten neben ihrer Mode seit Ende der 80er Jahre Damen- und seit Anfang der 90er Jahre Herrenunderwear. Sie greifen nostalgische Stilelemente auf und sind im Fachhandel vertreten.

GLUMANN BEACH & BODY, DARMSTDT

Aus einem Miederwarengeschäft hervorgegangener Spezialhersteller für Bademoden mit mehreren Linien, seit 1995 auch mit einer Männerkollektion vertreten. Glumann gibt es im Fachhandel.

GOSSARD, LEIGHTON/GB

Die englische Traditionsfirma, kann auf beachtliche Entwicklungen schon seit den 20er Jahren zurückblicken. So beispielsweise auf einen BH mit Vorderverschluß in den 20ern, extraleichte Korseletts mit Nylon in den 50ern, den Ultrabra und die „Glossies" (hautfarbene, transparente, schimmernde Underwear) in den 90ern. Gossard ist in Großbritannien die Nummer Eins und international zunehmend präsent.

GÖTZ MODE GMBH & CO KG, ALBSTADT

„Die Wäsche Company" ist der neue Name einer Traditionsfirma, die unter dem Namen Götzburg-Margretwerk Gregor Götz bekannt war. Der zur „textilen Marketing-Gesellschaft" umgewandelte Wäschehersteller bietet eine Herren-Wäsche-Marke Götzburg, die im Fachhandel zu haben ist. Daneben produzierte sie mit Edition Götz, für Damen und Herren, eine junge Image-Marke, die Underwear und Nachtwäsche umfaßt.

HANRO OF SWITZERLAND, LIESTAL/BASEL

Eine Qualitätsfirma, die sich während ihrer mehr als 100jährigen Geschichte insbesondere immer um die Güte der Materialien verdient machte. Heute noch stellt man bei Hanro Zutaten für Wäschekollektionen exklusiv im eigenen Haus her. Typisch für die Firma ist der elegante Lifestyle-Auftritt , unterstützt von konsequenter Schwarzweiß-Anzeigengestaltung.

JOCKEY, HECHINGEN

(Deutscher Lizenznehmer: Volma Wirkwaren GmbH) mit der Mutterfirma in Kenosha/Wisconsin, hat mit der Männer-Unterhose, die den Eingriff in Form eines umgekehrten Y anbrachte und den Firmennamen in den Gummibund einwebte, Wäschegeschichte geschrieben. Neben bewährten und neuen Herren-Kollektionen gibt es eine attraktiv-schlichte Damen-Kollektion.

DONNA KARAN, NEW YORK

Die amerikanische Mode-Königin bietet seit 1992 mit ihren „Intimates" eine für die Designerin typische Underwear-Linie. BHs und Slips sowie Bodies sind so gearbeitet, daß sie gleichzeitig bequem sind und die Figur perfektionieren. Das alles in einem elitär eleganten Look. Nur in wenigen Fachhandelsgeschäften erhältlich.

CALVIN KLEIN, NEW YORK

Der Erfolgs-Designer revolutionierte 1982 den Underwear-Markt, weil er mit seiner Version der simplen Männerunterhose aus Feinripp (er ließ seinen Designer-Namen in den breiten Gummibund einweben) plötzlich ein Designer-Stück kreierte. Es gibt CK-Unterwäsche für Herren und Damen, in Jeans-Läden, Kaufhäusern und im Fachhandel.

MEDIMA GMBH, MAULBURG

Medima ist mit den Linien Medima Extra Light Angora und Medima Fine Cotton Line ein Exklusivhersteller warmer Wäsche. Das Traditionshaus zeichnet sich durch gleichbleibende Qualität aus und profiliert sich außerdem durch sowohl elegantes wie jugendlich-schlichtes Design seiner Kollektionsteile. Es gibt die warme Wäsche in Spezialgeschäften, zum Beispiel in Sanitätshäusern.

MEY, ALBSTADT

Mit „Mey feine Wäsche" ein Begriff, blickt das Unternehmen auf eine fast 70jährige Tradition zurück. Die Qualitätswäsche zeigt ihre Stärken insbesondere im Detail wie etwa einem hochgezogenen Bund bei Damenslips, der garantiert, daß das Höschen nicht verrutscht. Die Schnitteile werden mit Hilfe computergestützter Verfahren erstellt, um eine größengerechte Paßform zu garantieren.

NIKOS, NIKOLAOS APOSTOLOPOULOS, PARIS

Underwear-Designer, dessen Slip „Bacchus" als quintessentiell gilt, begann seine Wäsche-Karriere 1985 mit einer Männer-Wäsche-Kollektion. Sein Stammsitz ist Paris, vertrieben wird europaweit. Nikos Underwear erhöht den Körper zur Skulptur, erzielt dramatische Effekte, was aber nicht auf Kosten der Qualität geht. Damen-Dessous folgten den Herren-Kollektionen. Nikos Underwear ist einige Zeit wegen Problemen, die die in seinem Auftrag produzierenden Firmen hatten, weniger präsent gewesen. Inzwischen hat der erfolgreiche Grieche wieder aufgeholt. Seine Underwear gibt es im Fachhandel.

PALMERS, WIEN

1914 in Innsbruck als kleines Wäschegeschäft gegründet, ist Palmers heute ein Umsatzmulti in Österreich, der Wäsche für die ganze Familie zu erschwinglichen Preisen anbietet. Immer neue, modische Kollektionen, die durch großangelegte und mittlerweile zu Klassikern avancierte Plakatserien publik gemacht wurden, sorgten dafür, daß Palmers in den 80er Jahren Bewegung in den Wäschemarkt brachte. Die Wäsche gibt es ausschließlich in Palmers-Filialen, in Deutschland in Berlin und Frankfurt. Erweiterungen sind geplant.

LA PERLA, LA PERLA CORSETERIE, BOLOGNA

International auftretendes Luxus-Wäscheunternehmen. Zur Gruppo La Perla gehören unter anderem die Marken La Perla, La Perla Couture, Malizia und Grigio Perla für Herren. Das Traditionshaus ging aus einer kleinen Firma hervor, die die Miedermacherin Ada Masotti im Nachkriegs-Italien nach 1945 gegründet hatte. La Perla profiliert sich sowohl durch immer wieder variierende Luxusdesigns wie durch vielfältigste Materialkombinationen, üppige dekorative Effekte und unerschöpfliche Kreativität.

ANDRÉS SARDÁ, EUROSET, S.A./PROMODE TEXTIL GMBH, BARCELONA

Der spanische Dessous-Designer Sardá stammt aus einer Familie, die Kreationstradition hat. Schon im letzten Jahrhundert beschäftigte sich die Familie Sardá mit Textilherstellung. Andrés Sardá selbst begann mit der Herstellung kostbarer Spitzen und spanischer Mantillen. Seit

1962 kreierte er Dessous- und Bademoden, deren Kennzeichen Schlichtheit in Kombination mit erlesenen Stoffen ist. Neben der exklusiven Hauptlinie mit dem Designernamen kreiert Sardá zwei junge Linien, Risk und University. Die Andrés-Sardá-Dessous gibt es seit Ende der 80er-Jahre auch in Deutschland. Im Fachhandel.

SCHIESSER AG, RADOLFZELL

Die Firma, 1875 von dem Schweizer Industriellen Jacques Schiesser in Radolfzell am deutschen Ufer des Bodensees gegründet, ist eine nicht börsenorientierte Aktiengesellschaft nach deutschem Recht und unverändert in Schweizer Besitz. Sie gehört zur Hesta-Gruppe. Hauptsitz der Firma ist Radolfzell. Ihr Bekanntheitsgrad ist überwältigend. Bei Frauen zwischen 14 und 64 gilt sie als die sympathischste, bekannteste Wäschemarke. Ihre vielfältigen Aktivitäten auf eingegrenzten Segmenten wie junge Wäsche, Nachtwäsche, sportliche Underwear, machen es möglich, daß Schiesser Tradition und Aktualität imagemäßig verbinden kann.

SKINY, HUBERTRICOT GMBH, GÖTZIS

Skiny verdankt als Marke ihre Entstehung einem Tanga, der als Einzelteil ein Erfolg und ab Sommer 1986 durch weitere sportliche, junge Wäscheteile ergänzt, als Kollektion präsentiert wurde. Magister Otto Huber, Marketingleiter bei Skiny (die Linie gehört zum Traditionshaus HuberTricot, das seit 1908 existiert), proklamierte damals: „Mitte der achtziger Jahre nahmen Wellness und Sport immer mehr Raum ein, das Körperbewußtsein stieg bei Männern und Frauen gleichermaßen. Und damit auch das Interesse an passender Kleidung – sowohl drunter als auch drüber.“ Zu diesem Lebensgefühl wurde Skiny als Wäschemarke entwickelt. Charakteristik: Unübliche, häufig wechselnde Farben. Und die Philosophie: Skiny ist Wäsche zum Zeigen; offen, spontan, selbstbewußt.

TRIUMPH INTERNATIONAL, MÜNCHEN

Hervorgegangen aus der 1886 in Heubach gegründeten Korsettfabrik Spießhofer & Braun, ist Triumph ein Unternehmen, das heute in allen Teilen aller fünf Kontinente vertreten ist und während der letzten Jahrzehnte Wäschegeschichte geschrieben hat. Einige Beispiele: „Einer für alle“ hieß 1974 der neue Büstenhalter von Triumph, mit Ultraschall punktgeschweißt, der bald international als „one size“-BH ein Erfolg wird. „Bee Dees“, 1979 lanciert, ist eine bemerkenswerte Serie für junge Mädchen. Ebenso erfolgreich wird „sloggi“, eine neue Generation von Damenunterwäsche, die unmittelbar nach den jungen „Bee Dees“ zunächst europaweit eingeführt wurde.

LITERATURAUSWAHL

Bachmann, Felicitas; Madeyka, Christa; Meyer-Schneidewind, Mechthild: Wäsche. Frankfurt 1994

Barthes, Roland: Die Sprache der Mode. Frankfurt/Main 1985

Binger, Doris: Das Echo vom Kleiderberg. Frankfurt/Main 1994

Bohnsack, Almut: Spinnen und Weben. Entwicklung von Technik und Arbeit im Textilgewerbe. Reinbek 1991

Carter, Allison: Underwear. The Fashion History. New York 1992

Cunnington, Phillis; Willet, C.: The History of Underclothes. New York 1992

Dodge, Bertha S.: Cotton. The Plant that Would be King. Austin 1984

Gabor, Mark: The Illustrated History of Girlie Magazines. New York 1984

Ghadar; Davidson; Feigenoff: U.S. Industrial Competitivness. Toronto

Gross, Kim Johnson; Stone, Jeff; Worthington, Christa: Chic Simple Clothes. London 1993

Junker, Almut; Stille, Eva: Die zweite Haut. Frankfurt/Main 1988

Laurent, Jacques: Histoire Imprevue des Dessous Feminins. Paris 1987

Lee-Potter, Charlie: Sportswear in Vogue Since 1910. New York 1984, London 1993

Loschek, Ingrid: Mode im 20. Jahrhundert. München 1990

Orland, Barbara: Wäsche waschen. Technik- und Sozialgeschichte der häuslichen Wäschepflege. Reinbek 1991

Rüthemann, Guido: Zum Beispiel Textilien. Göttingen 1990

Schidrowitz, Leo: Sittengeschichte des Intimen. Wien/Leipzig o. J. [1926]

Westerhoff, Eduard: Die Bocholter Textilindustrie. Bocholt 1984

REGISTER

Fette Seitenzahlen verweisen aus Abbildungen

Agent Provocateur 41, 98
Aimée, Anouk 7, 70
Akzo 79
Alaia 86
Angora 22, 23
Anita International 16, 104
Armani, Giorgio 67, 75, **97**, 104
Aubade 35

Baby Doll 27, 69, 74
Baker, Caroll 27, **74**
Balconnet 27
Bancroft, Anne 70, **70**
Barbara Dessous-Mode 31, 34, 104
Bardot, Brigitte 69, **69**
Barnes, Djuna 54
Barthes, Roland 16
Basinger, Kim **73**
Baumwolle 76f., 87, 94
Belz, Otto 37, 38
Benton, Travis 67
Berben, Iris 71, **71**
Bleyle 34, 71, **71**
Bodysuit 27
Boss **33**, 47
Boveleth, Michael 39
Boveleth, Peter 39
Boxer-Shorts 20
Braguette 44
Brando, Marlon 63, 74, 75
Bruno Banani 46, 104
Bundesamt für Wehrtechnik 51

Carothers, Wallace 15
Capote, Truman **74**
Cartier 87
Chanel, Coco 58, 86
Cocoon 71
Colbert, Claudette **72**
Colonna, Jean 58, **59**
Corre, John 41f.
Cosmopolitan **79**
Coward, Noel 72
Crawford, Cindy 81, **81**

Dietrich, Marlene 65, **65**, 67, 86
Dietzel, Jürgen 59
Dior, Christian 16
Diva 95
Dolce & Gabbana 16, 36, 104
DuPont 80

Elle **33**, 36, **36**, 38
Enke, Werner 18
Esquire 100

Fischbach, Gerhard 47
4ever **54**, **55**, **56**
Frederick's 98
French Knickers 20

Gable, Clark **72**, 72
Gabor, Mark 99
Gaultier, Jean-Paul 42, **42**, 43, 75, 86
Gemma **97**
Glas, Uschi 67, 68, **68**
Glumann, Frank 24, 25, 26, **26**, 105
Gossard 15, **15**, 16, 39, 57, 105
Götz Mode **72**, 80, 104
Granger, Caroline 82

Haase, Henning 92
Hallhuber 39
Hanro of Switzerland 12, 31, 32, 37, 85ff., **86**, **91**, 105
Harper's Bazaar 58, **59**, 60, 71
Hepburn, Audrey 86
Herzigova, Eva **39**, 40

Hip Bra 43
Hocke, Hans Hugo 39
Hoechst 79
Hoffman, Dustin 70
Humer, Rudolf 81, 82

Industrieverband Körperpflege und Waschmittel e.v. (IKW) 91ff.
Irma La Douce **73**

Jagger, Mick 44
Jassner, Wolfgang 47
Jockey 51, 52, 105
Jones, Tom 44
Joop 47
Joy 36, 43
Jungnickel, Klaus 47

Karan, Donna 7f., **9**, 69, 105
Kelly, Grace 86
Kennedy, Jackie 8, 19, 86
Klein, Calvin **8**, 45, **45**, **46**, 48, 49, **49**, 50, **58**, 64, 73, **73**, 105
Kratzer, Hermann 95
Kyburz, Ursula 85, **85**

La Perla 22, 35, 36ff., 37, 39, **66**, 106
La Vie Parisienne 100
Lagerfeld, Karl 58
Leigh, Vivien 74
Lemon, Jack **10**
Lindbergh, Peter 58f.,
Lora, Luigi 96
Loren, Sophia 67, **67**
Lycra 26, 79, 80

Madonna 43, 60, 66, 86, 98
Magnani, Anna **68**, 68, 69
Malizia 35, 36, 95

Marie Claire 36, **80**, 85
Max 36, **36**
Marry, Harry 55
Mec Mail Order 36, 59, **60**
Medima 23, 105
Meisel, Steven 60
Mey 52, 53, 77, 106
Microfaser 80, 87
Minelli, Liza 67, **67**
Monroe, Marilyn **17**
Moreau, Jeanne 69
Moss, Kate **14**
Mower, Sarah 60
Mr. Pearl 63
Murkudis, Kostas 102, **102**

Naughty Lingerie 41, 98
Neuhöfer, Dirk 50, **50**
Newman, Paul **72**
Nicos **98**
Nikos, Nikolaos 106
Nylon 15, 26, 79

Palmers 39, 81, **81**, 82f, **83**, 84, **84**, 106
Patitz, Tatjana 81
Perlon 15, 18
Pestizid-Aktions-Netzwerk (PAN) 77
Petty, George 101
Piacotti, Cesare 64
Playtex 30
Polyester 79
Prandstätter, Edith 55
Propaganda 47, **48**

Rathmayer, Hartmut 7
Risk 35, 36, 95
Ritts, Herb 70, 81, 84
Rhone-Poulenc 74
Rosselini, Isabella 43

Russel, Jane 14, 15, 86

Sardá, Andrés 22, 36f., 37, 83, 106
Satek, Christian 81, 83
Schamkapsel 44
Schiesser 13, 20, 51, 52, 53, 107
Schlack, Paul 15
Schwarze Mode 59
Seide 80, 94
Semotan, Elfriede 82, 83
Senger, Gerti 41
Shields, Brooke 45
Skiny 31, 35
Skiny, Hubertricot 107
Spiegel 48, 52
Spils, May 67
Sternberg, Joseph von 67
Steward, Rod 44
Stoll & Fischbach-Communication 47
Super Shaper 43

Taylor, Liz **72**
Trashy Lingerie 98
Triumph **20**, 21, 39, 53, 57, **67**, 79, **79**, 96, 107
Turlington Christy 67

Uhse, Beate 62
Ultrabra 15, 24, 39, 64
University 36

Vargas, Alberto 101
Versace, Gianni 58, **58**, **59**, 61
Visible Panty Line 49
Viskose 78, **79**
Vogue **8**, 33, **34**, **35**, 36, **37**
Volma Wirkwaren 51

Warnaco 48
Weaver, Sigourney 75, **75**
Weichspüler 94
Weltgesundheitsorganisation (WHO) 77
Westwood, Vivienne 39, 41, 42
Wilder, Billy 65
Williams, Esther 86
Williams, Tennessee 68, 69, 74, **76**
Winkler, Gert 83
Wolle 80
Wonder-Slip 43
Wonderbra 24, 39, **39**, 41, **41**, 44, 95
Wyss, Werner 21

Young, Sean **70**

Zellulose 78

FOTONACHWEIS

Alle Filmbilder aus dem Bildarchiv Engelmeier, München 9, 10, 14, 66, 68, 70, 72, 73, 74, 75
Zeichnungen: Kostümforschungsinstitut von Parish, München 15, 30, 100, 101, und L. Schidrowitz
Anzeigen und Magazinfotos (siehe einzelne Verweise)